走遍中国
话说山海

《走遍中国》编辑部 《话说山海》节目组 / 主编

第一季

HUASHUO
SHAN
HAI

中国旅游出版社

鸣谢

《话说山海》节目组所有成员
及参与本书出版的所有工作人员

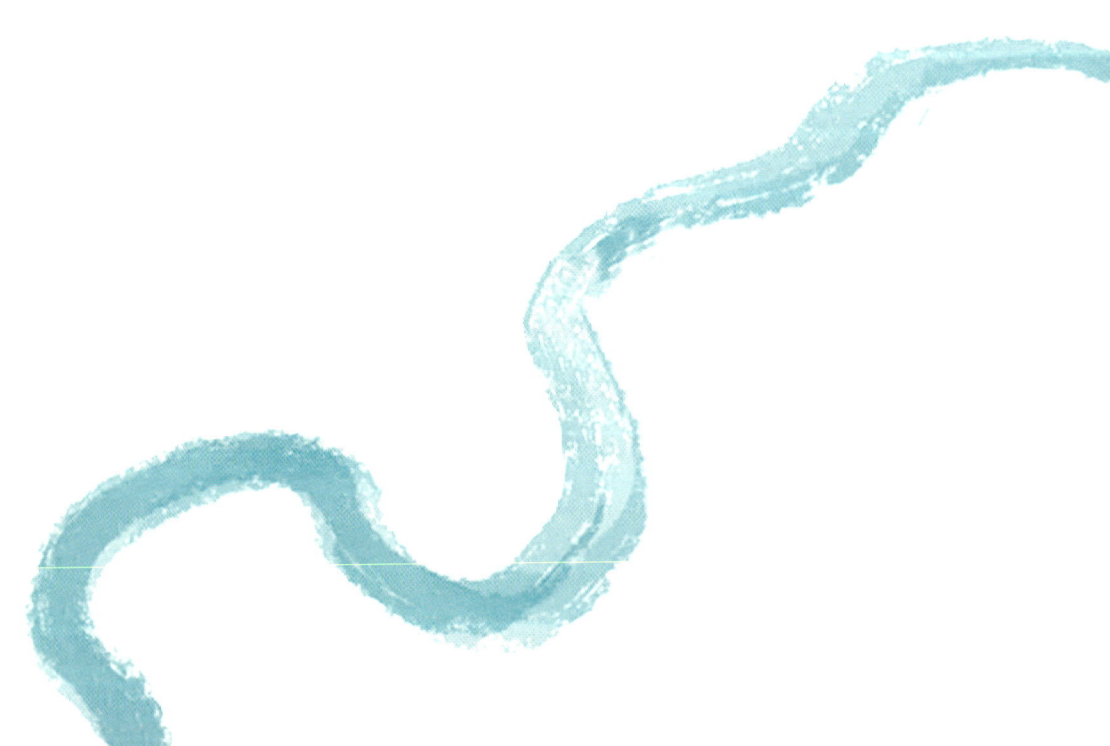

编委会

爱奇艺

主任　董轩羽

主编　李广含　张茜

副主编　衣萍　李欣悦

编审　白婧涵　肖成飞　王汇霖　石路

审读专家　毕羽西　陈钰鑫

沐光时代

主任　葛威

主编　吴蒙

编委　葛亮　于爽　陈涛　王雅丽

视觉设计　苏振宇

山海终有期　盼与君相逢

张晓龙

（演员　礼学指导　《话说山海》主嘉宾）

我自认为是一个不太能待得住的人，很庆幸自己所从事的工作相对自由，可以借着工作的机会走遍中国乃至世界。不过，由于大多数工作行程忙碌，所到之处的旅游体验也是匆匆而过，并未真正地走进山海，休闲度假。所以旅行这件事，既是工作带来的幸事，也是一件憾事。

我一直有一个崇拜的"偶像"——中国最早的"旅行博主"徐霞客。400多年前，他竹杖芒鞋，投身山海，著成60万字的《徐霞客游记》，为幅员辽阔的中国大地留下了跨越时代的一笔重彩。我时常在想，若有机会能真正走向山海，沉浸式感受祖国辽阔疆域土地上的山海奇景与人文风情，会是一件多么恣意洒脱的妙事？

说来也巧，在这样的想法日趋强烈之际，2024年初，我的多年好友，北京沐光时代创始人、综艺节目出品人葛威，带着《话说山海》这档文旅推介节目找到了我。节目致力于发掘国内那些不为人知或者鲜为人知的宝藏山海之城，通过参与者的视角、结合吃住行游的沉浸式体验，向观众进行多方位的文旅推荐，系统全面地品读中国。这档节目的核心主旨深深地打动了我，这与我想真正走向山海、做一把当代徐霞客的初心不谋而合，于是我们迅速开始了海量目的地的筛选、文旅资源的接洽、节目内容的创作等工作，按照"山""海"两大主题，选定了安徽齐云山、辽宁丹东东港、浙江衢州、广东汕尾和吉林长白山5个目的地，并邀请了我的弟弟妹妹们组成"远游小队"，共赴山海，一览胜景。

第一站我带着弟弟罗一舟和妹妹陈卓璇，开启了一场"人间天上"的安徽齐云山逍遥游。这是一座徐霞客两度登临的千年仙山。这里受独特的气候和地貌影响，山间常年云雾缭绕，与云齐平，胜似仙境。到了之后，我们发现那里的确是一个能让人逍遥自适的地方，所以也就能理解徐霞客为什么要去两次了。这份逍遥，十分美好。

　　第二站我和张歆艺、夏梦、白景屹一起来到了辽宁丹东东港，这是祖国海岸线最北端的城市，也是当年甲午海战的主战场。130 年前，一群爱国将士为了保家卫国，不惜牺牲自己的生命，这份英勇与爱国之情，让我们感佩。在东港，我看到了一种鸟，它的一生都在飞翔，从南半球的澳大利亚不吃不喝连续飞行到东港海湾休憩，这是对生命力的极强展现，更是东港人对生态保护的自然证明。在大孤山，我们和歌唱界前辈姜育恒大哥一起登山览胜。这份雄奇，令人动容。

　　第三站我和庞博、郭昊钧来到一座"彬彬有礼"的城市——浙江衢州，这里有全国仅有的三座孔氏家庙之一，即孔氏南宗家庙，这里也是一座四省通衢之城。浙江省内独一份的鲜辣口味令我感到惊喜，不过更让我着迷的，是那座徐霞客一生中三次到过却从未登顶的奇山——江郎山。带着疑问，我们来到了江郎山，站在徐霞客曾经站望江郎山的位置时，一下子就明白他为什么没有登顶，因为这里已经是观赏江郎山奇景三爿石的最佳位置。这份壮美，震撼人心。

　　第四站我邀请了水哥王昱珩与我同游广东汕尾，一座唯美的海边小城，同行的还有郭昊钧、崔真真两位年轻演员。汕尾有难以置信的湛蓝海洋，有肆意张扬的年轻活力，让我感受更多的是那里传统文化和当代文化的融合表达。汕尾的年轻人将废弃的潮汐发电厂改造为时尚浪漫的古堡咖啡厅，将废弃旧船厂改造为特色渔民情调的小岛咖啡，将传统渔歌融入时尚的乐队演绎。这份焕新，充满活力。

　　最后一站，我带着澜曦、谢可寅、许馨文三位"小主"来到了我的家乡——吉林长白山。我是吉林省冰雪旅游的推广人，节目前期录制过程中我也一直在跟节目组建议"一定要来一趟我的家乡"，因为对家乡的山水美景，我足够自信。我们一起去了长白山，没想到天公作美，虽都是第一次来，但都如愿看到了天池，非常幸运，非常壮美！我们还去了朝鲜族民族村，学习了朝鲜族舞蹈，参与了挖人参活动，在安排大家进行各种游玩体验的过程中，我逐渐发现自己已经有些"不认识"家乡了——变化很大！变得那么时尚、那么休闲，但不变的依然是那浓浓的属于东北的热情和包容。这份蜕变，饱含温情。

　　有点说多了，但上述赘叙也只是我这一趟行程的皮毛，衷心向大家推荐这本书和我们这档节目，从此处看到绚烂多彩的山海佳景和人文风情。我想在这里发出诚挚的邀请：

　　　　请每一个你，

　　　　和我们一起，

　　　　走进大山，走近海洋，

　　　　去感受祖国山的雄壮、海的浩瀚！

　　　　收获视野，享受治愈，

　　　　奔向更加豁达的人生。

目录 CONTENTS

山水衢州 缤纷有礼

- 江郎山 082
- 水亭门 079
- （山水衢州 缤纷有礼 .... 075）

辽宁东港 山海奇韵

- 大鹿岛 043
- 鸭绿江口湿地国家级自然保护区 058
- 大孤山 063
- 东港美食 067
- 东港花园夜市 068
- （辽宁东港 山海奇韵 .... 039）

来齐云山 做逍遥客

- 玄天太素宫 香炉峰 030
- 月华天街 025
- 云岩湖 022
- 摩崖石刻 020
- 红姐茶馆 018
- 登封桥 017
- 横江 012
- 九里十三亭 009
- （来齐云山 做逍遥客 .... 001）

006

壮美长白 自然馈赠

- 长白山天池 ... 154
- 百花谷民俗村里的朝鲜族风情 ... 160
- 奶头山村 ... 165
- 长白山华美胜地度假区 ... 169

金町湾的海边派对 ... 141
中国蚝乡晨洲村 ... 139
小岛浮日是野咖啡厅 ... 134
凤山祖庙 ... 131
二马路夜市 ... 129
红海湾——古堡咖啡 ... 125
红海湾 ... 120
金町湾旅游度假区 ... 117

尽汕尽美 青春汕尾

水亭门的高腔好戏 ... 106
孔氏南宗家庙 ... 100
烂柯山 ... 098
松园菜场 ... 096
廿八都古镇 ... 086

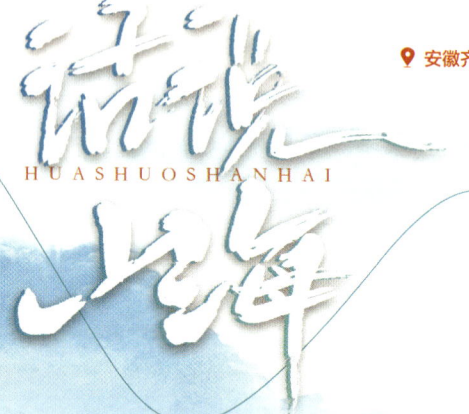

话说山海
HUASHUOSHANHAI

📍 安徽齐云山

来齐云山 做逍遥客

这里是让汤显祖写下"欲识金银气,多从黄白游"的富贵与梦想之地,这里是徐霞客罕见两度登临的仙山,这里还是我国四大道教名山之一,与黄山、九华山合称"皖南三秀",这里就是齐云山。

"来齐云山,做逍遥客。"《话说山海》首站由此出发,张晓龙、罗一舟、陈卓璇三位嘉宾循着徐霞客的足迹,探访这座仙山的自然和人文魅力,感受这里逍遥的山与水,认识这里逍遥的人,将所见所闻融入自己的"游记",与这里的人一起,将这处宝藏胜地推荐给海内外游客。

安徽黄山不止有黄山、西递宏村,还有一座齐云山,因境景"双佳",徐霞客曾两次登顶。这里风光绝美,云雾缭绕,意境唯美,业态丰富,被众多游客评为"被严重低估"的宝藏旅行目的地,很值得来此"逍遥游",感受它的内涵。

陈卓璇(左)、张晓龙(中)、罗一舟(右)三位嘉宾走在登封桥上

① 联盟树屋
② 飞碟树屋近景

| 三位嘉宾向着码头方向骑行

旭日初升,横江环抱下的自由家营地,晨雾袅袅的徽派村庄,都被镀上了一层金黄。三人骑着自行车穿过画里南坑的葫芦花海,朝着码头方向骑去。

远离城市的喧嚣，

随群山初醒，

一呼一吸间，

宛若置身于烟雨江南的水墨画卷。

这里，正是古徽州"一府六县"

核心地带的安徽休宁；

这里，藏着一座隐匿于云海的

人间仙境——白岳齐云山。

在徽州大地上，它与黄山南北辉映，

也便有了"黄山白岳相对峙，

细看从来无厌时"的赞誉。

张晓龙在飞碟树屋

九里十三亭

明嘉靖、万历年间，齐云山道教鼎盛，为方便游人香客上下，便在9里长的登山道上建了13座亭子，故称九里十三亭。13座亭子依次为：第一仙关亭、步云亭、环峰拱秀亭、登高亭、中和亭、白岳亭、凌风亭、瞻敬亭、松月亭、海天一望亭、云水亭、渐入仙关亭、望仙亭。因徐霞客3年内两度由此登临，这里也被称为"霞客古道"。

Tips

齐云山最高峰海拔585米，整体山势较为舒缓，一路行走一路风景，鲜少会感觉疲惫，堪称"游山不爬山"的山岳代表。

① 站在齐云山上远眺
② 九里十三亭之松月亭
③ 三位嘉宾登齐云山
④ 齐云山登山步道

① 张晓龙在月华天街古装复现"徐霞客"
② 罗一舟走过登封桥
③ 陈卓璇漫步登封桥

横江

　　齐云山景区位于休宁县境内,休宁古称海阳。齐云山下,横江蜿蜒,山花点缀,宛如桃源。横江源自黟县吉阳山,是新安江、富春江及钱塘江的源头,故有"三江源"之称。

①② 横江组图

罗一舟站在横江边

三位嘉宾乘竹筏游横江

> **Tips**
>
> 安徽是著名的茶叶产地，不同特色名茶生长在这方山水之中，可谓品茶胜地。
>
> **太平猴魁：**滋味清雅；　**黄山毛峰：**鲜爽清新；
>
> **六安瓜片：**浓郁幽香；　**新安源银毫：**兰香悠远；
>
> **松萝茶：**香高味浓；　**祁门红茶：**满口生香；
>
> **白岳黄芽：**清爽鲜纯。

① 各种茗茶
②③ 横江之上，竹筏品茗，逍遥快哉
④ 登封桥
⑤ 罗一舟在登封桥

登封桥

　　始建于明朝万历十五年（1587年），是一座有着400多年历史的古石桥，游圣徐霞客两次上齐云山都是从这座桥经过。登封桥九孔十墩，全长147米、桥面宽8米、桥高9.5米，完整程度十分罕见，2019年10月获批为全国重点文物保护单位。远游小队经横江，过登封，迈向齐云仙境。

Tips

　　我们都知道河南有少林寺所在地登封市，古称登封县。女皇武则天"登"嵩山，"封"其为中岳，以示大功告成，便改嵩阳县为登封县。"岳"是被"封"的，因此，齐云山古称"白岳"，明朝时期，这里是皇家道场，"登封桥"的"封"便由此传承。

红姐茶馆

　　登齐云山，穿过一天门，"挑山女茶馆"便映入眼帘。茶馆格外引人注目，几乎所有登山之人均会在此驻足，一壶清茶，一碗馄饨，几碟特色糕点，品味之间，黄山地区唯一女挑山工红姐的故事被娓娓述说，令无数游客为之动容。手抚横江水，肩挑齐云山，靠山吃山的红姐，谁说不是心怀逍遥之人？

①② 红姐在做馄饨

三位嘉宾在红姐茶馆与红姐合影

挑山女的故事

1963年,汪美红出生在齐云山脚下的岩脚村。1990年汪美红的大儿子出生,不幸罹患白化病,视力微弱。后来汪美红又生了一对龙凤胎,她的丈夫早出晚归打鱼维持全家生计。然而好景不长,1994年,汪美红的丈夫不幸溺水离世。此后,为了生活,汪美红成为齐云山唯一的女挑山工,7公里的山路,3700多级台阶,每趟负重100多斤,能赚5元。汪美红一做就是19年,独自一人将3个孩子抚养成人,那对龙凤胎考上了重点大学。2013年齐云山公路正式开通,不再需要挑山工,汪美红便开始自己挑水到山顶售卖。在当地有关部门的帮助下,汪美红在一天门外开起了这间挑山女茶馆,"红姐"的故事和名字被越来越多的人熟知。

摩崖石刻

朱熹、王阳明、徐霞客、海瑞、戚继光、唐伯虎等名人大家都曾来过齐云山。正是这些名人的到来，成就了齐云山摩崖石刻"江南第一"的美誉。在齐云山的石刻中，年代最早的当属唐代，而数量最多的则是明清时期，齐云山原有1500多处石刻，现存573处，大文豪郁达夫认为"齐云山有一部伟大的金石志好编"。

① 罗一舟在山间舞剑
②③ 摩崖石刻组图

三位嘉宾观赏沿途碑文

云岩湖

云岩湖位于齐云山景区的后山，是20世纪70年代兴建的人工水库，水域面积5平方公里，湖边的天桥岩与美国的彩虹桥、贵州的天生桥并列为世界三大天然桥。景区内河道纵横，碧水丹山，水天一色，美不胜收。

① 天桥岩
② 嘉宾们在天桥岩下
③ 胡伟向嘉宾们介绍云岩湖

愿做无名客,
高歌泛虚舟。
坚持心中挚爱,
择之为匠,
终其 生,
何不逍遥?

胡伟的故事

湖边,胡伟驾驶一艘机动船,接送人们登岛离岛。一路上,胡伟用生动的语言为大家介绍着两岸的风光、山壁上的石刻,以及这里曾经发生的动人的故事。许多历史资料都是他自己询问的、书上查的。每当人们从这里经过,他便将这一切娓娓讲述。这条路人不多,于他而言静默却不寂寞,胡伟用自己的方式,守护着这片山水,传承着这里的故事,只因他挚爱这片土地,以及这片土地赋予自己的责任。

①②③ 三位嘉宾在云岩湖
④ 张晓龙在月华天街复现"徐霞客"
⑤⑥ 月华天街组图

月华天街

　　被世人称为"云上天街"的月华街，居住着28户居民，总共130人。这里不仅有粉墙黛瓦的民居，还有红墙绿瓦的宫观。月华街坐落在丹崖绝壁之上，根据明朝版《齐云山志》中"只闻钟鼓不闻鸡"的记载可以推断出，这条街在历史上是服务宗教的。

陈卓璇夜游齐云小镇

罗一舟夜游月华天街

① 月华天街天官府前，仙风道骨的碧云先生尤为惹人注目
② 天官府

碧云先生的故事

　　碧云先生是齐云山当地人，1981年当兵入伍，4年后退伍返乡，之后就走上了修行之路，再后来归隐齐云山。如今，碧云先生在齐云山上开了一家碧云茶馆，每天在山上饮茶待客。他说，四年兵没当够，"一日军人，终身入魂"。为了给过往军人提供便利，他专门开设了一家军人驿站，里面的陈设都是一些老照片和老物件，只为给过路的军人提供一张暖床，让他们回忆曾经当兵时候的峥嵘岁月。

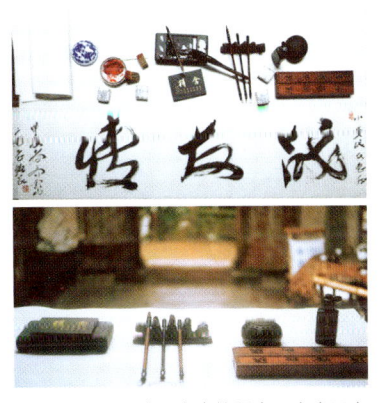

碧云先生的题字及文房四宝

玄天太素宫 香炉峰

　　齐云山有一处必游之地——玄天太素宫。玄天太素宫原名佑圣真武祠，位于齐云山齐云岩边，坐南朝北，前临香炉峰，始建于南宋宝庆二年（1226年）。明嘉靖十一年（1532年），嘉靖皇帝在此求子嗣灵验后，修缮原真武祠，改为玄天太素宫，被誉为江南皇家第一道场。

① 在月华天街远眺香炉峰
② 玄天太素宫
③ 香炉峰

031

陈卓璇在玉虚宫前复现"神女"

① 打铁花表演
② 嘉宾做客月华天街

GUEST RECOMMENDATION

《话说山海》嘉宾推荐

张晓龙

如果你来齐云山，就不能只看山，要漫步在粉墙黛瓦间，闻闻白岳独有的香气。

都说"来齐云山，做逍遥客"，但"何为逍遥"？

人在山中，山在心中，心怀山海，自然逍遥。我走过的，亦是当年徐霞客走过的。如若问我这一趟可有什么留在心底，我想，是霞客古道上错身相遇的挑山工红姐；是月华深处为哉友留一张暖床的碧云先生；是石桥岩下信手背出所有摩崖石刻的胡伟。那一刻，我在他们的身上看到了逍遥。脚踏实地地走，坦荡快乐地活，是谓逍遥。

GUEST RECOMMENDATION

《话说山海》嘉宾推荐

陈卓璇

如果你来齐云山,就不能只看山,要穿梭在青山绿水间,听珍珠帘献歌一曲。

我在朦胧的雨雾里穿行,一不小心就落入一片神仙境,烟波浩渺,如仙人身上的轻纱,拂过之处,气清景明,万物皆显。

思归无名客,高歌泛虚身,是谓逍遥。

GUEST RECOMMENDATION

《话说山海》嘉宾推荐

罗一舟

如果你来齐云山,就不能只吞山,要飞驰在广阔大地上,与湿润的风一起舞动。

我走过徐霞客走过的古道,看珠帘水,落下千年诗意;香炉峰,升起万顷烟霞。明暗间,峰回路转;逶迤中,与古共谈。

胸中有丘壑,笔下有波澜,是谓逍遥。

群山漫漫，吾自成峰；

天上人间，自然逍遥！

人生总要有一次逍遥游！

话说山海

请打开爱奇艺搜索《话说山海》观看节目正片

话说山海
HUASHUOSHANHAI

📍 辽宁丹东东港

辽宁东港 山海奇韵

辽宁东港，是隐藏在我国万里海疆最北端的明珠。大孤山远眺的"沧海桑田"记录着自唐朝就开始的人与大海的情愫；鸭绿江口湿地的"夕阳鸟浪"是这片富庶之地给予人与鸟美好家园的见证；大鹿岛外的碧波万顷是曾经甲午海战最为惨烈的战场，而如今已经成为海鲜的沃野。今天的东港人，在这一片写满了故事的蔚蓝之上，与大海和谐共处，将取之不尽的宝藏编织在幸福生活之中。

远游小队一路向北，往海岸线的尽头去，循着当地特色美食的指引，在山海相接之处，觅得这处宝藏胜地的山海奇韵，并诚挚推荐给海内外的游客。

海滨，有着自然浪漫的属性，而东北人的豪爽与浪漫形成了反差，意外地成了亮点。这里每年都有数十万只迁徙而来的候鸟落脚休息，这得益于优良的生态和东港人的精心守护。当地人说，人和鸟共享这片海域，这句话多么唯美浪漫。同时，大鹿岛的黄蚬子、梭子蟹等海鲜个大肥美，也令人流连。此外，享誉全国的丹东草莓也产自东港，豪爽洒脱的东北人种出了世界级的鲜甜草莓，为这里赋予了奇韵般的浪漫气质。

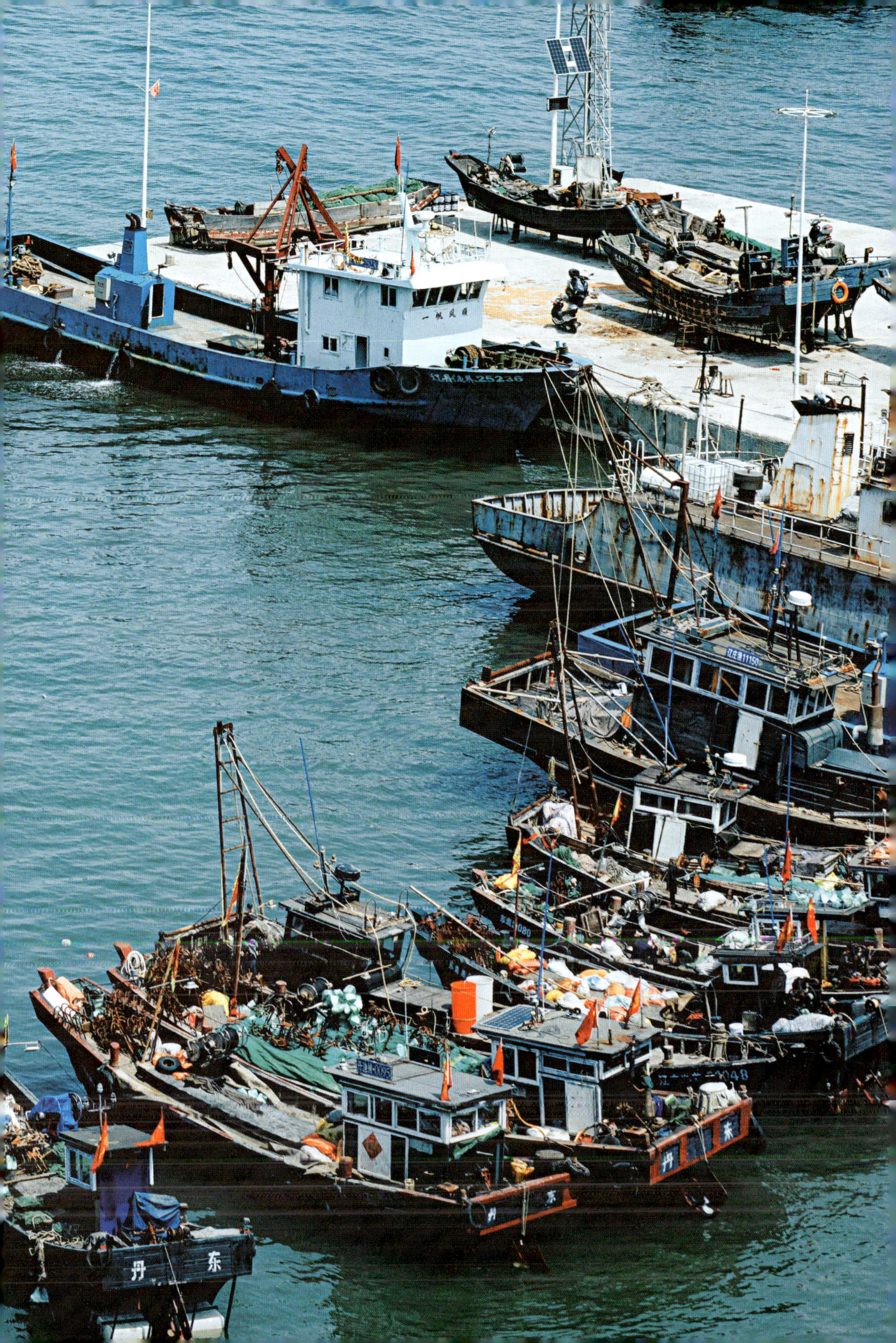
丹 东

夏梦（左一）、张歆艺（左二）、张晓龙（右二）、白景屹（右一）漫步在东港大鹿岛码头

大鹿岛

东港海鲜大餐

抵达东港后的第一站，远游小队便循着鸭绿江入海口向南，来到祖国万里海疆最北端的海岛——大鹿岛。

大鹿岛面积 6.6 平方公里，拥有 940 户，常住人口 3500 人。大鹿岛被评为"国家 4A 级旅游景区""省级风景名胜区""全国乡村旅游重点村""全国美丽休闲乡村"等荣誉称号。大鹿岛青山碧透、海水湛蓝，具有典型的北国海岛风光，是著名的旅游胜地。在海洋的调温作用下，冬无严寒、夏无酷暑。清新的空气加上高含量的负氧离子，置身其中，令人心旷神怡。岛前环抱的月亮湾双珠滩，水清沙柔、浪缓滩平，是中国北部海角最大的天然浴场。滩头拾贝、临礁垂钓、晨观日出、夜半听涛，其乐融融。来大鹿岛休闲度假、观光旅游，享受美好时光。

① 白景屹在大鹿岛海边漫步
② 夏梦在大鹿岛海边奔跑

大鹿岛礁石一隅

张歆艺在大鹿岛观海景

① 大鹿岛登岛处标志性牌楼
② 停泊在大鹿岛码头的渔船

大鹿岛海产丰富，盛产对虾、梭子蟹、贝类、鱼类等上百个品种的海产品。品尝海鲜，讲究的是鲜活，在大鹿岛旅行可以享受"现捞现逮"的海鲜美食体验。鸭绿江和大洋河两股淡水的流入，使得海鲜风味独特。"人生难得几回畅，天涯渔火乐逍遥。"

① 夏梦、白景屹体验大鹿岛现捕海鲜的收获感
②③④ 大鹿岛海鲜
⑤⑥ 大鹿岛海鲜美食

048

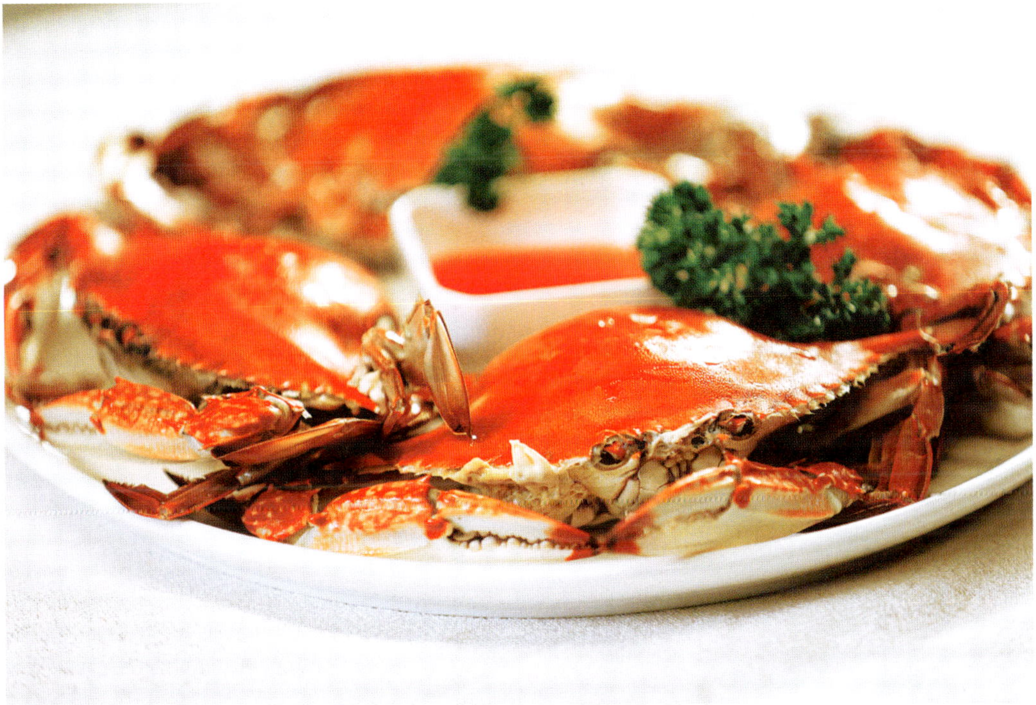

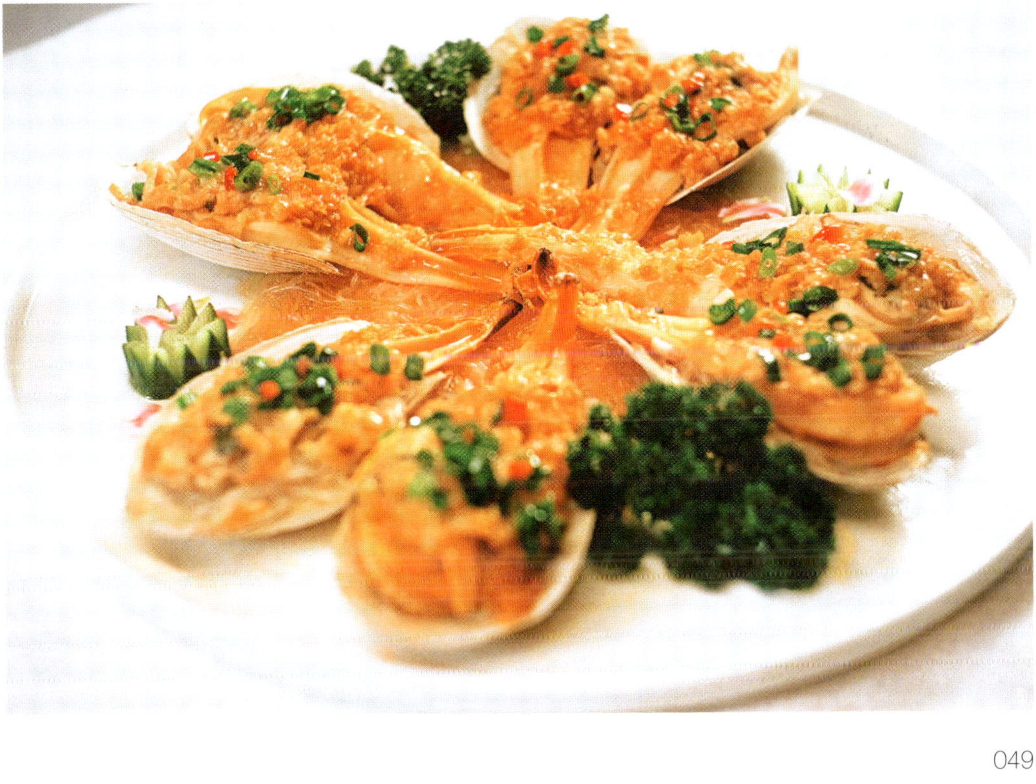

大鹿岛因中日甲午海战遗址而蜚声海内外，邓世昌墓地、邓世昌大型石雕，以及战史介绍等吸引了海内外游客。张晓龙与张歆艺倾听着大鹿岛村史撰写者迟立安的讲述，回溯甲午风云，感悟振兴中华的爱国情怀。

① ② 张歆艺在大鹿岛伫立、思考
③ 张晓龙在大鹿岛感悟历史
④ 大鹿岛村史撰写者迟立安在讲解甲午海战历史
⑤ 大鹿岛邓世昌墓

051

老于的故事

大鹿岛灯塔是中国海域从南到北的最后一个灯塔,距今已有百年历史。在这座孤独的灯塔山上,至今还有一位守塔人老于,独自守护着这片航海人归家的港湾。16年,一个人,一座灯塔,一座小岛。海浪的潮起潮落间,吞没了唯一的过海方式,也隔绝了外界的喧嚣,就连张晓龙、张歆艺想要探望老于,也只能隔海远望。当被问到自己一个人有什么活动安排,除了日复一日、每天2小时一次的记录灯塔日志之外,老于也有着与这座岛、与这个工作处之有道的闲适,"每天我自己有安排,乐趣需要自己去找。"他说。

就像张歆艺所说,守塔人老于已经学会了和孤独做朋友。享受独处的工作时光,在工作之外的生活空间里也能尽情享受自由,与大自然接触,与自我相处和对话,需要极强的信念感,更彰显了守塔人职业的伟大使命。

① 大鹿岛灯塔
②③ 张晓龙、张歆艺在和灯塔守护人老于打招呼

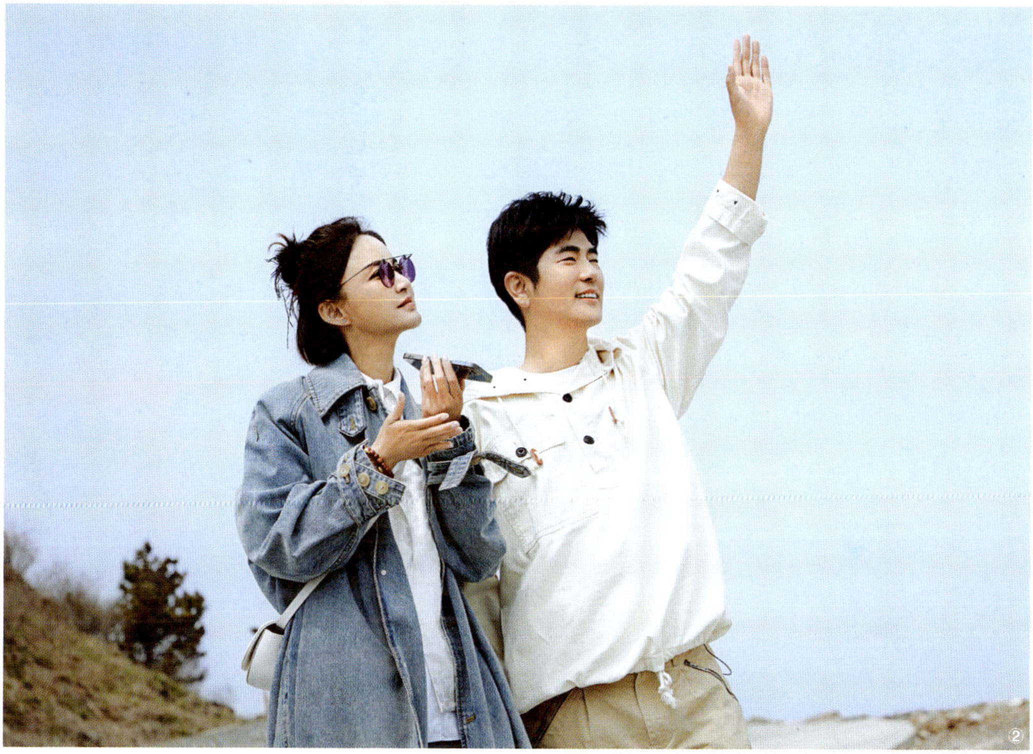

②

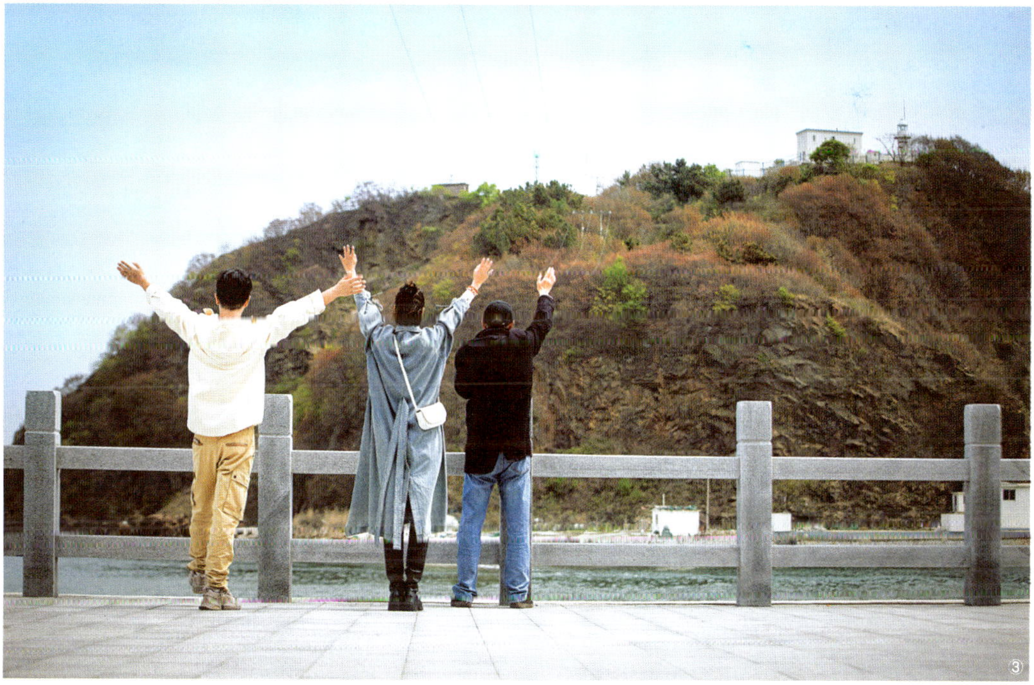

③

大鹿岛景区如今已形成了完善的旅游观光体系。到景区旅游的游客可选择一日游、二日游或多日游，在岛上观海、听涛、垂钓、冲浪、拾贝，晨观日出，夜听涛声，享受悠闲的假期。从大鹿岛远眺，大海犹如一匹湛蓝色的绸缎随风起伏，水天相接，肆意奔涌。游人可在滩上踏浪嬉戏，尽情享受海水浴、沙滩浴、海风浴、日光浴；可乘船游弋海上，戏水冲浪；可登山、野营；可参观邓世昌墓、毛文龙碑等历史遗迹；也可在礁石边钓鱼、捉海蟹、拾贝壳、织渔网，做一天渔民，品尝渔家饭菜的独特风味。

① 大鹿岛海滨公路
② 大鹿岛海滨村庄
③④ 大鹿岛渔船

055

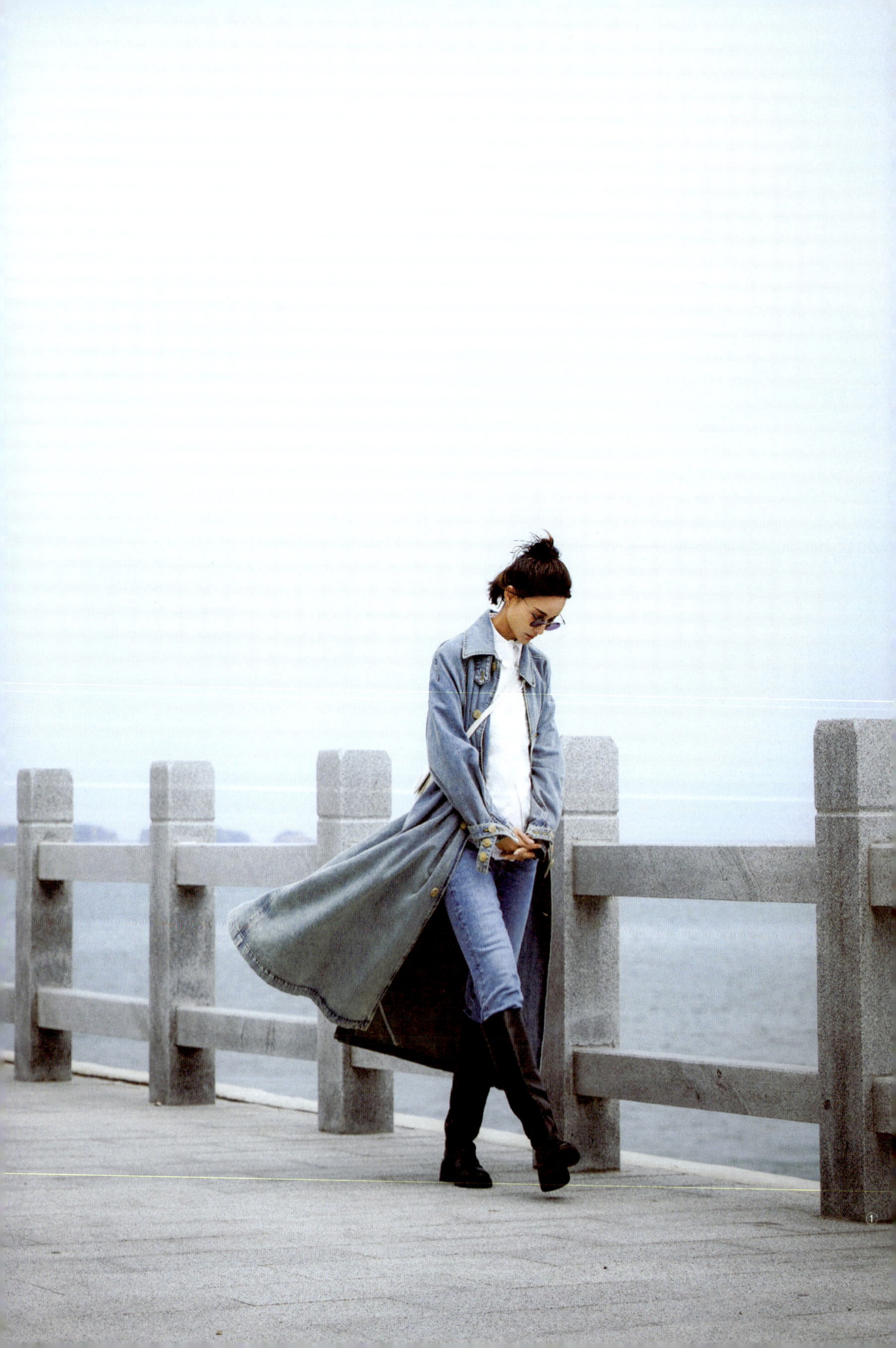
①

① 张歆艺在大鹿岛听风观海
② 夏梦在大鹿岛民宿烹饪海鲜
③ 白景屹在大鹿岛民宿烹饪美食

鸭绿江口湿地国家级自然保护区

离开大鹿岛,远游小队一行来到候鸟迁徙奇观观赏地——鸭绿江口湿地国家级自然保护区(以下简称保护区),欣赏漫天飞舞的鸟浪,领悟人与自然和谐共处的奥秘。

保护区始建于1987年,1997年12月8日经国务院批准为国家级自然保护区,1999年7月加入"东亚—澳大利亚迁徙涉禽保护网络"。2004年4月与新西兰米兰达自然保护基金会缔结为姊妹保护区,开创了我国缔结国际姊妹保护区的先河。

鸭绿江口湿地国家级自然保护区是澳大利亚—西伯利亚涉禽鸟类迁徙的东亚路线的必经之路,是鸟类迁徙的重要驿站,更是涉禽鸟类迁徙的"加油站"。据鸟类专家介绍,飞临鸭绿江口湿地国家级自然保护区的涉禽鸟类大部分为越冬在澳大利亚、新西兰一带,而繁育在西伯利亚。

在迁徙中,这些涉禽鸟类是一次性不间断从越冬地飞到这里,其直线距离大约在6500公里,而因为天气等因素的影响,这些涉禽鸟类飞行的距离在1万公里左右,飞行时间大约在一周,中间不吃不喝,因此要消耗大量的体能。假设一只涉禽鸟类在越冬地出发时的体重是500g,而到达这里时会消耗50%,体重仅剩250g,所以它们

① 远游小队在鸟类专家和鸟类爱好者的讲解下了解候鸟
②③ 鸟浪

必须在这里抓紧时间觅食，以恢复到它们离开越冬地出发时的体重，时间大约在1个月。这就是鸭绿江口湿地国家级自然保护区4、5月份涉禽鸟类种类多、群落大、最集中也最易于观鸟的原因。

059

①② 夏梦、白景屹观鸟
③④ 张晓龙、张歆艺观鸟

鸟类的迁徙并非易事，它们需要飞越海洋和山脉，体重因体力消耗而下降，其中还有20%到30%的鸟类未到达终点而死亡。迁徙途中还会遇到骤起的风暴等自然灾害，要面对无数的人为干扰，要避开高大的建筑物、电线、灯塔、烟囱和空中的飞机等，这些都将使鸟类迁徙的旅程充满危险。涉禽鸟类从越冬地长途飞行到保护区，身体已经十分疲惫，因此，它们将在这里停留月余，靠吃大量的滩涂生物来恢复体能，等待有利风向和气候再次起飞，最终到达它们的出生地去生儿育女。可以说，这里是它们的"加油站"。

每年4、5月鸟儿从越冬地飞往出生地（由南向北）生儿育女、繁衍后代。其间，雌雄鸟类的分工是不同的，雌鸟在产完蛋，孵化出幼鸟后，

即离巢飞往越冬地，哺育幼鸟的任务由雄鸟完成，大约一个月，幼鸟长成成鸟可以觅食飞翔了，雄鸟也向越冬地飞去（由北向南），再过月余，幼鸟集群飞往父母的越冬地。因为飞往越冬地是分批进行的，所以经过保护区的鸟类，越冬迁徙（9、10月）的数量没有回迁出生地时（4、5月）的数量多。

即便这样，仍有一大批鸟类在保护区内繁衍生息，主要为鸥类、雁鸭类和没有飞走的䴙䴘类等。每年的6、7、8月仍可看到多种鸟类在滩涂上追逐嬉戏、欢快觅食、翱翔于蓝天的壮观场面。

保护区的建立，为人类提供了一座永久性的生物基因库，使许多珍稀、濒危动植物资源得以长期保存，为人类生态学、遗传学的科学研究和珍稀、濒危动植物资源的保护提供了最佳场所。

① 张歆艺、夏梦在湿地观景
② 鸟浪
③④⑤ 大孤山庙群

大孤山

来到东港，有一处非去不可之地，那里就是背山靠海的黄海明珠——大孤山。远游小队与已成为"半个东港人"的音乐界前辈姜育恒一同游历大孤山。

大孤山东临大洋河，南濒黄海，是千山山脉余脉，属长白山脉系，由33座山峰组成，主峰海拔337.3米，山势雄伟、古树苍劲，宛如黄海之滨一颗璀璨的明珠。因为耸立在滨海的广阔田野之上，显得格外高大险峻，从而得名大孤山。这里青山绿水、海岛湿地、古树古庙构成一幅天然美景。古人曾这样赞美大孤山："石笋凌云插碧霄，巍巍佛寺依山椒。洋河岸曲盘古镇，峰逼澜回怒晚潮。"

五位嘉宾登大孤山

大孤山古建筑群，巧借自然山林环境，随山就势，和谐布局，上下庙两个建筑群，巧妙利用山林空间，使建筑物与自然山林在总体布局关系中疏密有致、虚实对称、浑然一体，是东北境内规模仅次于沈阳故宫的大型建筑群。古建筑群将"儒、释、道"三教建筑融为一体，集于一山，布局手法仅见于东北境内。大孤山的独特魅力让远游小队流连忘返，甚至在百年古戏台上来了一场即兴演出。

① 五位嘉宾在导游带领下游历大孤山
②③④ 大孤山建筑

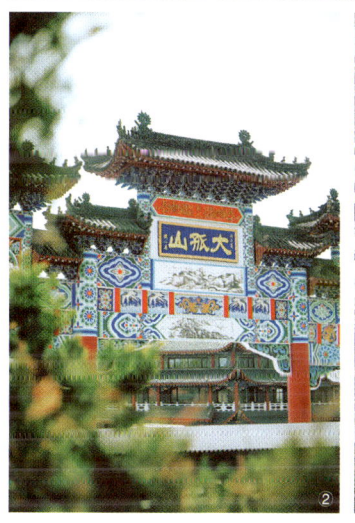

065

来东港，除了大饱眼福和感受北方海韵之外，味蕾也能得到极大的满足。在海鲜市场、夜市排档、街边小馆，海鲜、烧烤、朝鲜族美食、草莓、蓝莓等美食琳琅满目，是值得因美食而出发的一座城。

① 白景屹在大孤山
② 姜育恒在大孤山古戏台"表演"
③ 夏梦在大孤山上庙群
④ 东港草莓
⑤ 东港蓝莓

东港美食

东港花园夜市

① 远游小队在东港花园夜市体验
② 远游小队在东港花园夜市烧烤店品尝美食

GUEST RECOMMENDATION

《话说山海》嘉宾推荐

张晓龙

　　东港其实就像东北三省一个小的缩影，浓缩了东北人的热情好客。东北人总会把自己最珍贵的东西拿出来待客，所以到这里你会感受到当地人在美食、美景、民俗、历史文化等各方面的真诚招待，这种诚挚呈现在每一个东港人的身上。我希望大家都到东港来，让心灵在这里安静、休憩，然后满血复活，回去再面对我们的生活，在生活中发现美好、创造美好。

GUEST RECOMMENDATION

《话说山海》嘉宾推荐

张歆艺

有幸来到辽宁东港,短短两天,我就深深地爱上了这个地方。这里的人特别热情、真诚,对待远道而来的游客就好像自己的家人一样,盛情款待。这里有非常悠久深厚的历史,我们在大鹿岛受到了浓厚的爱国主义教育,到大孤山领悟了悠久历史文化的积淀,在鸭绿江口湿地观鸟被深深震撼,也为东港人与自然和谐共处的不懈努力而感动。在夜市、海鲜市场的烟火气中味蕾获得极大的满足,真心喜欢东港这座城市。

GUEST RECOMMENDATION

《话说山海》嘉宾推荐

白景屹

"孤山春莺啼不觉,候鸟南飞浪千叠"……

人生就像一场马拉松,为了那个想要去的地方,你可以一直一直地努力。

东港游历过后,我百感交集,将自己旅途中的所想所感,谱成一首全新单曲《孤山春》,用音乐宣扬大孤山的美。欢迎更多人来东港旅行。

GUEST RECOMMENDATION

《话说山海》嘉宾推荐

夏梦

在东港遇到的每一个人都特别热爱这里的生活，靠山吃山，靠海吃海，我喜欢这样的生活方式，有种质朴、远离喧嚣的感觉。欢迎大家到东港来，体验不一样的海滨城市。

石笋凌云插碧霄，
巍巍佛寺依山椒，
洋河岸曲盘古镇，
峰逼澜回怒晚潮。

话说山海

请打开爱奇艺搜索《话说山海》观看节目正片

📍 浙江衢州

话说山海
HUASHUOSHANHAI

山水衢州 缤纷有礼

衢州，是另一面的浙江。它的存在，打破了大多数人对浙江的固有认知。这里没有面朝大海，远离"包邮区"中心，山水自成一派，文脉绵延千里。它的存在，宛如一块"文化拼图"，延伸向周边不同的文化区域，不一样的热辣重口和多元融合的文化，让它成为金庸笔下青春江湖梦的原地；宋氏南渡和孔氏南宗的出现，也让它成为一座儒风缥缈、彬彬有礼的古城。

张晓龙带领庞博和郭吴钧组成远游三兄弟，开启此次柯城之旅。在这样一座小城，遇见当地的风土和人情，在山水古镇和文化遗迹里寻出它不同的侧面，品出不同的味道。

"礼"文化贯穿衢州的方方面面。既有南孔文化的深厚,也有大自然的瑰丽,还有区别于浙江其他地方的特色美食。突出"礼"的同时,又不乏故事和内涵。

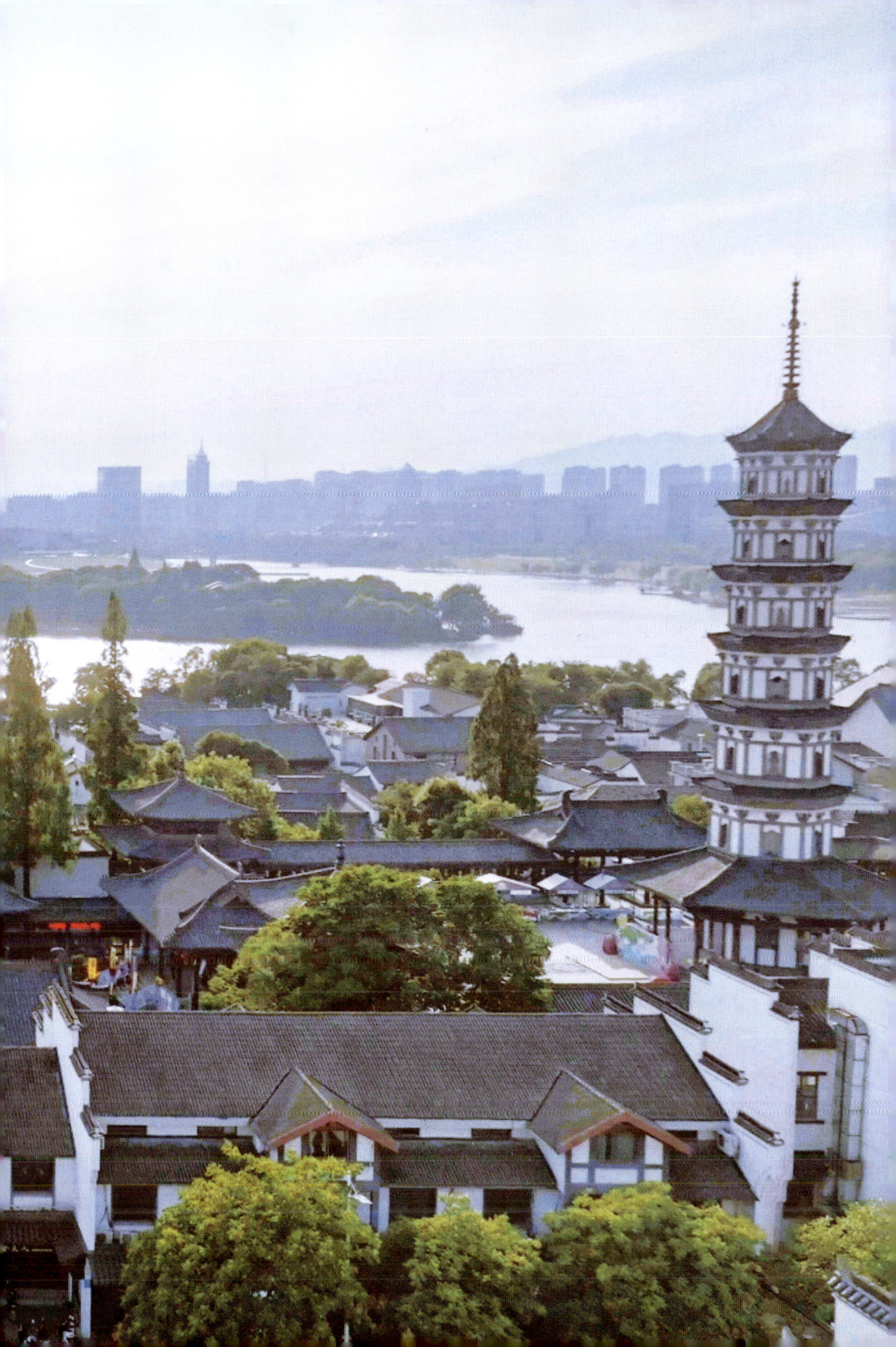

庞博（左）、张晓龙（中）、郭昊钧（右）在江郎山霞客亭

水亭门

"不识水亭门，枉为衢州人……"随着阵阵婉转的道情说唱，一座明清时期的四方城楼映入眼帘，上方的"飞阁流丹"四个大字，飘逸又见气势。远游三兄弟在此地会合，与衢州当地道情艺人交流，了解衢州历史，体验道情文化，开启衢州之行。

水亭门，衢州国家级儒学文化产业园核心区的重要组成部分，也是古城的中央休闲区和市政府倾力打造的 4A 级旅游景区主景点。根据《衢州地名志》记载：因古城外码头水坪上建有卷雪亭，衢江水从亭下流过，故俗称水亭门。水亭门又称"朝京门"，是衢州至今保存最完整的城门，存有一段较长的城墙遗址。

①②③ 水亭门景区组图

① 张晓龙在水亭门前
② 郭昊钧在水亭门前
③ 庞博在水亭门前

道情

道情是中国曲艺品种中的一个类别，是浙江省传统曲艺之一，衢州市非物质文化遗产。道情源于唐代的《承天》《九真》等道曲，南宋始用渔鼓、简板伴奏，又称"道情渔鼓""唱新闻""渔鼓""说古文""劝世文"。大约在明代中后期，道情传入金衢盆地，并在这片土地上生根发芽。从清代以后直到20世纪60年代，衢州盛行道情这一表演形式。可以说，道情是当时除了戏曲，百姓最喜闻乐见的娱乐形式。衢江道情源于金华道情，多以唱为主，以说为辅，表演形式为一人采用方言，怀抱渔鼓，手持简板，自行伴奏说唱，具有浓郁的地方特色。

江郎山

在水亭门初识衢州之后，远游三兄弟便驱车前往此行最为期待的自然奇观目的地——江郎山。快到景区，行至山脚下只能从车窗看见两座山峰，两块巨石在一马平川的平原上拔地而起，气势磅礴，经过一阵峰回路转，巨石竟由两块变为三块，如"川"字形排列，在云层掩映下，蔚为壮观。

江郎山地处浙、闽、赣三省交界处，是国家级风景名胜区和国家 5A 级旅游景区。江郎山是我国乃至世界都不可多得的老年期高位孤峰型丹霞地貌自然景观。2010 年 8 月在巴西第 34 届世界遗产大会上，经联合国教科文组织世界遗产委员会批准，"中国丹霞"被列入《世界遗产名录》，江郎山名列其中，成为浙江省首个世界自然遗产。

① 一线天
② 霞客亭
③ 江郎山

江郎山自然景观奇峻。江郎山距江山市区25公里，以雄伟奇特的"三爿石"著称于世，素有"雄奇冠天下，秀丽甲东南"之誉。三大石峰，拔地如笋，摩云插天，被华东56位地质专家勘定为中国丹霞第一奇峰；"一线天"高312米，长298米，最宽处不足4米，为全国之最；"伟人峰"天然造化，堪称一绝。此外，惊险陡峻的郎峰天游、千年古刹开明禅寺、千年学府江郎书院，以及霞客游踪、洞岩钟鼓、仙居剑瀑等诸景也各尽其奇。

江郎山人文景观丰富。千百年来，众多英杰名士为江郎山留下大量游踪遗墨。唐代名相姚崇、张九龄，大诗人白居易都曾作诗赞美；江山宿儒祝东山长期隐居江郎，设馆讲学；宋代大政治家王安石、词人毛滂曾就读于仙居寺；名士陆游、辛弃疾、吕公著、沈九如等曾赋诗填词赞美江郎胜景；宋室南渡之后，文人骚客多漫游于沟通浙闽的仙霞古道，留下诗文千余篇，被誉为"南宋诗歌之路"；明代大地理学家徐霞客，曾三游江郎山，留下游记2600余字，为江郎山增添了丰富的文化内涵。

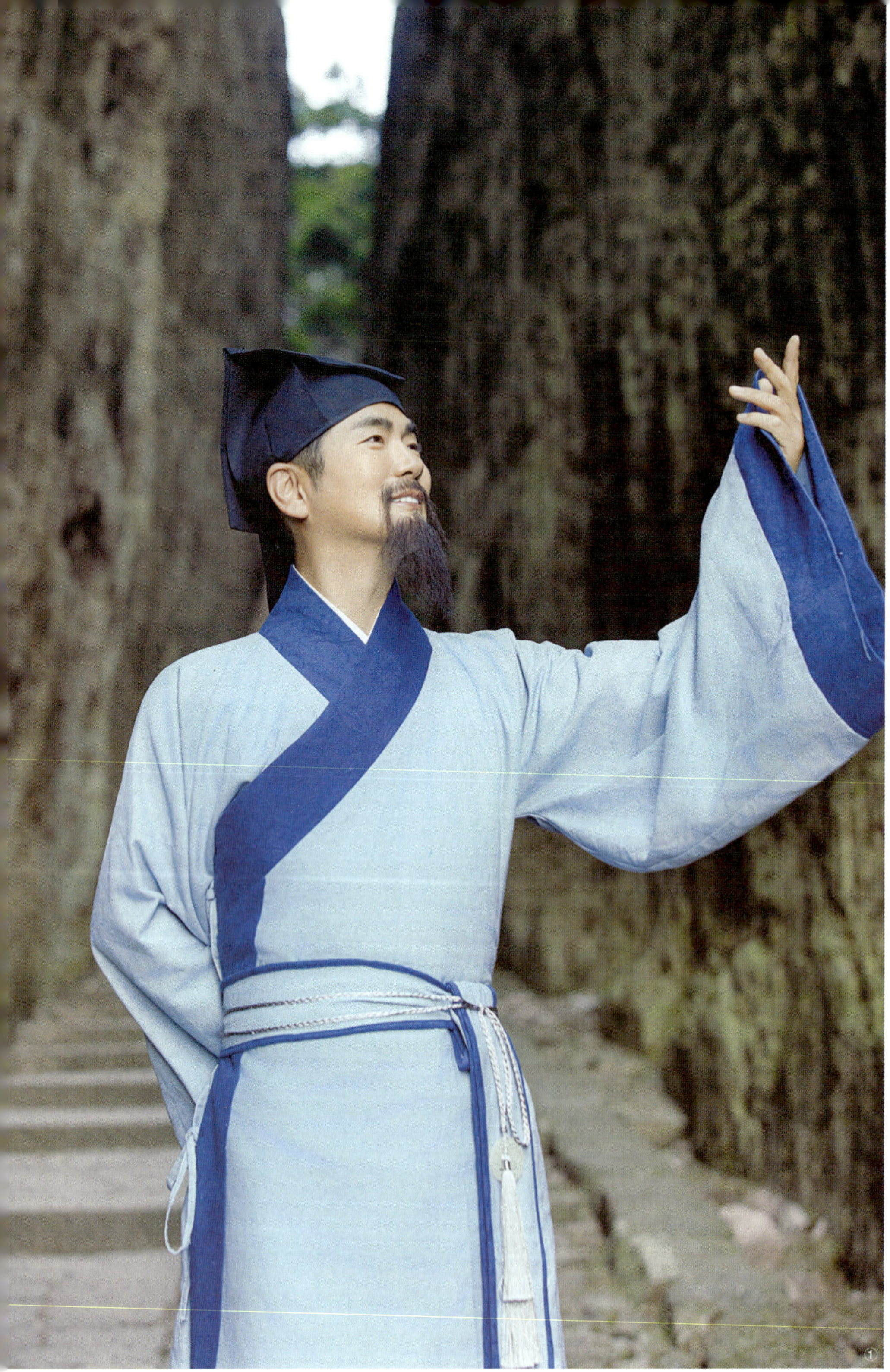
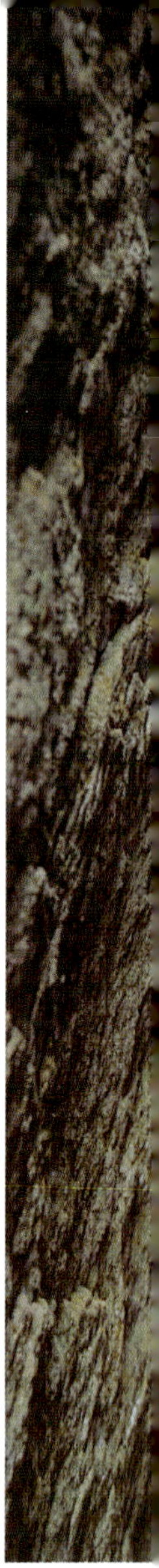

① 张晓龙在一线天古装复现徐霞客
② 庞博走过一线天
③ 郭昊钧在一线天古装复现徐霞客随行

①② 远游三兄弟在江郎山体验按摩

廿八都古镇

衢州之行的第三站，远游三兄弟来到了廿八都，这座经历过沧桑岁月的古镇如今仍保留着规模庞大且相对完整的明清古街、古民居和古建筑群。

廿八都，这个充满神奇色彩的古镇由古驿站发展而来，它既是移民古镇，又是军事重镇，始于唐代，兴盛于明清，至今已有1000多年的历史。宋熙宁四年（1071年），江山设都四十四，此地排行第二十八，故名廿八都。因界临浙、闽、赣三省，行至此处便是"一脚踏三省"。极具代表性的三十六幢民居，十一幢公共建筑，沿着山谷间的枫溪铺展，形成了近2公里长的明清古街，其建筑风格集浙式、闽式、赣式、皖式于一体，被专家誉为"全国罕见，浙江省排第一"，是一处原汁原味的古建筑博物院。古镇中仅几千人口，却繁衍生息着142种姓氏的居民，使用着13种方言，民俗风情非常奇异，所以廿八都又被称为"百姓古镇，方言王国"。各种外来文化在这里汇聚、碰撞，形成了奇特的"文化飞地"现象。廿八都是一个活着的历史文化边镇，作家汪浙成称它为"一个遗落在大山深处的梦"。

①②③ 廿八都古镇组图

张晓龙、郭昊钧、庞博在廿八都古镇

089

沿街道一路向前，但见古镇舞台上正演出一场特殊的非遗表演——木偶戏。

廿八都位于仙霞山脉与武夷山脉交汇的群山环抱的腹地之中，由于其特殊的地理环境，这里的木偶戏很少受到外来艺术的影响，较完整地保留下它的原始特色。其唱腔中还保留着古老的弋阳高腔遗韵，以江西赣剧为主要唱腔，在长期发展中，融入了廿八都丰富的历史文化，从而形成了鲜明的地域特征。

廿八都木偶戏表演

金宗怀的故事

木偶戏表演艺人金宗怀是廿八都木偶戏非遗传承人,家族传承了十几代人,他的父亲是演木偶戏的,舅公也是演木偶戏的。纯粹为了生活而走上傀儡戏表演的金宗怀,起初的学徒生活,与其他人一样,平凡但不乏趣味。

在那个文化生活匮乏的年代,戏班是金宗怀的另外一个课堂,那些记载中华精神文化的故事,奠定了金宗怀人生观、价值观的基础。如今传到他手中的明清木偶,都来之不易。

20世纪80年代,金宗怀刚刚投身傀儡戏算是赶上了好时代。那个时候,娱乐生活相对贫乏,特别是乡间,金宗怀在那里见证了傀儡戏的全盛时期。当时农村里电视很少有,演戏的人是很受当地老百姓欢迎的,去的时候有鞭炮接,回去的时候有鞭炮送,他们对人很好,老百姓人也很淳朴、热情。以前观众要求不高,只要你演戏认真卖力,老百姓都是欢迎的。就算这个戏不怎么熟练,你给他们演,他们都会高兴的。

如今每演出一场,无论演出规模大小,金宗怀都会有感慨,他说这些傀儡就像是自己的家人,不管是过得好的时候,还是差的时候,它们都在身边不离不弃。

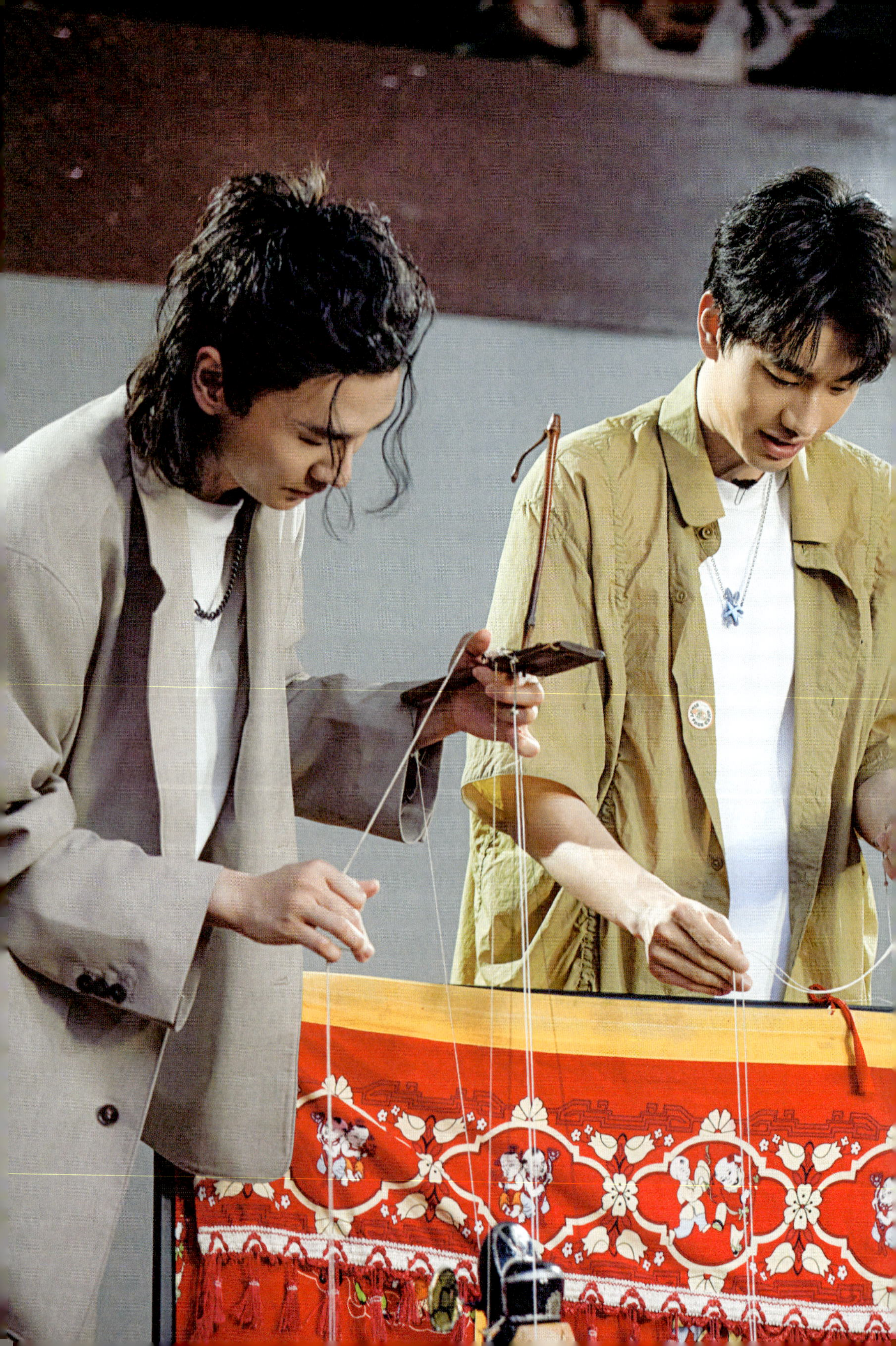

远游三兄弟体验木偶戏

① 远游三兄弟在廿八都享用晚餐，
　 体验方言游戏
② 廿八都夜景
③ 廿八都夜景

廿八都美食组图

松园菜场

  融入本地人的生活，是现在旅行过程中必不可少的一环。此行衢州，远游三兄弟特意起了个大早，来到衢州人的早餐天堂——松园菜场。和常见的城市菜场里的美食广场形式不同，松园菜场的美食摊位更像是一条美食街，独立在菜场的旁边。这里是各种美食的聚集地，更是衢州早餐界的天花板。甜的、酸的、咸的、辣的，本地特色、外来风味……在这里你一定能找到中意的小吃。

| 远游三兄弟在松园菜场逛早市

松园菜场早市摊位

松园菜场早市美食组图

烂柯山

在衢州的全新一天，远游三兄弟从松园菜场开始，下一站便直奔烂柯仙境——烂柯山。

① 远游三兄弟在日迟亭下棋
② 烂柯山天生石梁、日迟亭与巨大棋盘
③ 张晓龙在烂柯山
④ 郭昊钧在烂柯山

烂柯山，原名石室山、石桥山、悬室山。传说晋朝中期有个名叫王质的人，家住衢州城内太白井旁，自幼父亲早逝，家中有一老母和胞弟王贵，以砍柴谋生。有一天，他砍好了柴，太累了，便想在此山的石室中（天生石梁下）休息一下，不想其中已有两个孩童在下围棋，他便凑过去瞧瞧，并习惯性地把砍柴斧往屁股底下一垫，就坐了下来。其中，有一个孩童还递给他一颗枣子尝尝。这一瞧不得了，一盘棋未下完，太阳日落西山，当孩童提醒他该回去时，王质猛然起来一看，自己锃亮、锋利的砍柴斧竟已锈迹斑斑，斧柄仝烂掉了。王质匆忙回家，这时村中古井依旧，人事已非，只见一位白发苍苍的老农正在给孩子们讲述村中古代曾发生一位名叫王质的人，去山中砍柴不归而成仙的故事。王质离家竟已百余年。

孔氏南宗家庙

如果你了解衢州,就会知道它自古就站在文化交流的最前线。在很长一段岁月里,衢州过的都是不那么太平的日子。这里是连接两浙的必争之地,经历过种种浩劫,"侠义"二字,早已长在了衢州人的根骨里。而如今的衢州人性格里却不止侠义,还有温良,这就不得不提衢州孔氏南宗的由来。生于齐鲁大地的儒家文化来到江南,与衢州当地文化融合发展,千年古风文脉,诉说着这座小城的底色。它就像一本古籍,把曾经的风雨烟云不动声色地嵌入字里行间。

①② 孔氏南宗家庙
③ 孔子像

衢州孔氏南宗家庙

  孔氏家庙不同于孔庙、文庙。孔庙、文庙为官方所立之庙，乃朝廷官府、学子及百姓祭祀孔子之处；孔氏家庙则是孔子嫡长孙率族人祭祀孔子及历代先祖之处。

  宋建炎二年（1128年），孔子第四十八世嫡长孙、衍圣公孔端友率领孔氏精英扈跸宋高宗南渡。建炎三年（1129年）初，宋高宗赵构以孔端友扈跸有功，赐居衢州。

  宋绍兴六年（1136年），宋高宗诏命权以府学为孔氏家庙。此乃衢州第一座家庙。

  宋宝祐元年（1253年）应孔子第五十三世孙、第六代衍圣公孔洙之请，宋理宗拨银三十六万缗，诏建孔氏家庙于郡东北菱湖芙蓉堤。这是衢州第二座家庙。元至元十三年（1276年），该庙毁于兵燹。

  此后，孔洙以一族之力，在城南鼎建家庙。即为衢州第三座家庙。

  明正德十四年（1520年），应孔子第六十世嫡长孙、世袭翰林院五经博士孔承美之请，朝廷恩准，择地菱湖县学旧址，新建衢州孔氏家庙，并在其西侧兴建孔府。这就是衢州第四座家庙，即成为现在的衢州孔氏南宗家庙。

① 张晓龙在孔庙
② 郭昊钧在孔庙
③ 大成殿"生民未有"匾额
④ 大成殿"万世师表"匾额
⑤ 远游三兄弟在讲解员带领下了解孔庙

大成殿内祭祀孔子祖孙三代是南宗家庙独创。大成殿"万世师表"匾额是康熙二十二年（1683年），清圣祖手书；"生民未有"匾额是雍正六年（1728年），清世宗手书，两匾额均为御题。

张晓龙与复现孔洙的庞博在大成殿前进行跨越千年的一拜

庞博在孔氏南宗家庙古装复现孔氏后人孔洙

水亭门的高腔好戏

　　水亭门的戏台上，每晚 7 点都会进行一场精妙绝伦的戏曲表演——西安高腔。衢州古称西安，西安高腔是浙江省衢州市传统戏剧。起源于民间、流行于民间，有《槐荫树》《合珠记》《芦花絮》等一批传统剧目。2006 年 5 月 20 日，衢州市西安高腔被列入国家级非物质文化遗产名录。

① 郭昊钧在练习动作
② 庞博在做登台前的最后准备
③ 张晓龙在排练
④ 远游三兄弟在戏台演出西安高腔片段《过河》

107

GUEST RECOMMENDATION

《话说山海》嘉宾推荐

张晓龙

南孔圣地，衢州有礼，这两天我们也是行为有度、举止有礼的衢州人。"有礼"这两个字特别能够帮助我们走进衢州，让衢州也走入我们的内心。这里有千年的礼仪传承，从每一个人身上我们可以看到那种温暖和友好是发自内心的，所以衢州是一座幸福的城市，希望有机会能再来衢州，也希望《话说山海》节目能给衢州带来更多的好朋友。

GUEST RECOMMENDATION
《话说山海》嘉宾推荐

庞博

　　旅行最重要的一件事是跟陌生人之间完成一种交流，从中感受这座城市的气质。衢州的每一位朋友都非常的热情，同时非常有礼，让我们感受到家一般的温暖，同时又有一种来自朋友之间的关怀。我对衢州的第一印象是衢州的"衢"字，一个行人的"行"，拆开之后上边两个"目"，底下形似"佳"，行至此处我的一双眼睛打开，发现了佳肴、佳景、佳人，构成了这座非常生动、非常鲜活的城市。

GUEST RECOMMENDATION

《话说山海》嘉宾推荐

郭昊钧

　　这是我第一次录户外综艺，也非常荣幸第一次来到衢州。这里有"三头一掌"为代表的各路特色美食，有江郎山、廿八都古镇、烂柯山、孔氏南宗家庙等自然与文化景观，当然也有着形形色色热情的衢州人民。我希望更多的观众有时间带着自己的家人来衢州体验一下，绝对是一趟不会后悔的旅程。

南孔圣地，
衢州有礼。
山水一脉，
文化传袭。

话说山海

请打开爱奇艺搜索《话说山海》观看节目正片

话说山海
HUASHUOSHANHAI

广东汕尾

尽汕尽美 青春汕尾

汕尾，一个需要你准备很多手机内存、体力和胃容量的地方。一个原名叫"汕美"的地方到底能有多美？带着这样的疑问让我们一探究竟。

"天上雷公，地下海陆丰"，在海陆丰"盛名"之下，汕尾被包裹在都市传说中，活在海边的悠闲写意中，浸润在五条人不羁的歌声中。

如今的汕尾究竟什么样？现在的汕尾人究竟什么样？张晓龙邀请王昱珩、郭昊钧、崔真真游览汕尾，在与汕尾年轻人的一次次相遇中，在与美食、美景的一次次碰撞中，切实感受"天上雷公，地下海陆丰"的意韵。

汕尾有着深沉的"念祖"文化，多数在外打拼的年轻人攒够了钱，就会回到家乡，建设汕尾，这种思乡念祖的情结，促使回乡的年轻人开起了夜市、创意小店，逐步在这里扎根。也刚好，年轻的创业者很懂年轻游客的需求，吸引着更多年轻人来到这里，逐渐形成了青春的聚集地。

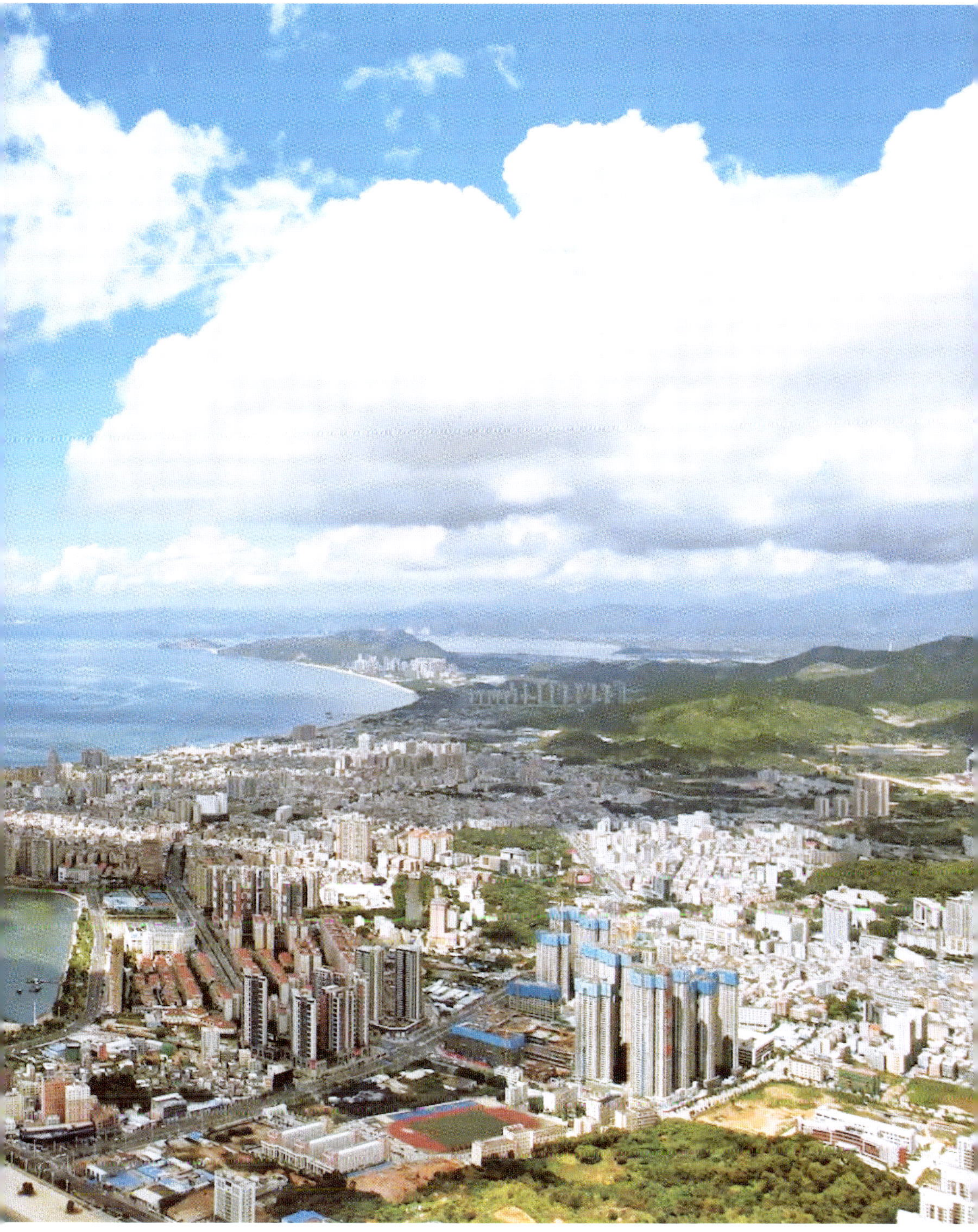

张晓龙（左一）、王昱珩（左二）、崔真真（右二）、郭昊钧（右一）在汕尾

金町湾旅游度假区

玩在汕尾，住在金町湾。远游小队下榻酒店就在保利金町湾核心区域的希尔顿酒店，汕尾之行也由此展开。

金町湾旅游度假区气候怡人，负氧离子浓度较高，年平均值达到 2515 个 / 立方厘米，被评为"岭南生态气候标志·城市生态氧吧"，适宜旅游观光、冬休养生。度假区坐拥"汕尾至美 7 公里海岸线"，旅游资源得天独厚，风光旖旎，水体清澈干净，沙质白净柔软，素有"粤东黄金海岸"之称。在这里，游客可以观赏海上日出日落的美景，也可以在纯净的沙滩上享受日光浴，或是漫步在沙滩上享受海风习习、海浪涛涛的优美环境，观看渔民劳作的场景，也可以到沙滩旁茶歇小憩片刻。

保利金町湾旅游度假区

①

②

①② 保利金町湾旅游度假区
③ 远游小队在希尔顿酒店识别汕尾的各类海鲜
④⑤ 保利希尔顿度假酒店组图

度假区配套设施与娱乐体验项目日益丰富，有国际知名酒店希尔顿酒店，还有七里海浪漫海岸、山海艺术馆、山海影剧院、海上项目体验基地、风帆礼堂等热门打卡点。为丰富游客体验、提升旅游吸引力，度假区还会定期开展星夜帐篷节、沙雕艺术节、海洋音乐会、狂欢金町湾等主题鲜明的节事活动，成为一个集滨海休闲、康养度假于一体的度假胜地，赢得"广东马尔代夫""海上香格里拉""小卡帕莱"等美称，是"粤东旅游黄金海岸线"上的一颗璀璨的明珠。

119

红海湾

　　除了金町湾，另一处不得不去的海边打卡地即是红海湾。红海湾遮浪街道位于汕尾市东南红海湾和碣石湾交界的突出部分，素称"粤东麒麟角""中国观浪第一湾"，坐拥4A级旅游景区"遮浪奇观"，先后获得中国文化旅游新地标示范基地、国家级海洋公园、广东省滨海旅游产业示范园区、广东省全域旅游示范区等多个荣誉称号，是红海湾全域旅游区的核心区域。

① 红海湾落日冲浪店
② 红海湾上的彩绘 隅
③ 红海湾
④ 郭昊钧在红海湾
⑤ 崔真真在红海湾

①② 红海湾组图

近年来，红海湾针对遮浪海边街近 100 间特色民居长期闲置的问题，探索"村集体＋返乡青年＋村民"的发展模式，以海边街海景民居为试点，对闲置民居进行集中收储，策划"咖啡＋文旅"品牌，引进了刘德江、陈华林等返乡创业青年，培育"浮日隐地"、古堡咖啡等主题咖啡店，迅速火爆出圈，周边的群众、乡贤也闻"咖"而来，纷纷前来投资创业，形成"咖啡＋文旅"的业态聚集圈。

郭昊钧与崔真真在红海湾海边路

郭昊钧、崔真真与红海湾的年轻人

红海湾——古堡咖啡

在三面环海的红海湾，有一处备受游客青睐的观海C位，已成为人气爆棚的网红打卡点——古堡咖啡。

此前，"古堡"是一座废弃的潮汐发电厂（波浪能发电基地旧址），位于南海寺旁，网友们称之为"烂尾楼""海上古堡"等。"海上古堡"周围环绕着岬屿和礁岩，海浪拍打在礁石上的气势十分壮观，斑驳古朴的墙面和锈迹斑斑的铁窗透出历史的厚重和古雅。极好的地理位置，成就这座建筑的"网络红人"气场。楼下便是浪花岩礁。海浪一波接着一波，拍出阵阵响声，美妙动听。尽管不可近水游玩，但仍然深受游客青睐。

① 古堡咖啡打卡点
② 红海湾古堡咖啡鸟瞰图

张晓龙在古堡咖啡

王昱珩在古堡咖啡

2023年2月,"古堡"开启了蝶变之路,不仅改造了废弃楼房,还完善相关配套设施,使遗址重焕新生,成为网红打卡点。"古堡"经过重新布局美化,面貌焕然一新。"古堡咖啡"面朝大海,别致的海景风貌、怀旧的古建筑元素及别样的风景视角,让这里成为拍照的最佳地点,游客一边欣赏美景,一边享用咖啡,特定的消费场景带来游玩新体验。为了让游客游玩时更加舒适、安全,景区内不仅修建了通往古堡建筑的道路,还增设了围栏等安全设施,并派安保人员加强监管,进一步完善了游客的旅游体验。

① 张晓龙、王昱珩在古堡咖啡偶遇集体婚礼
② 张晓龙与王昱珩在古堡咖啡

二马路夜市

  汕尾的白天洋溢着海浪般的激情，夜晚又翻滚着不一样的活力。远游小队深夜来到汕尾港商业发祥地——二马路，兴致勃勃地准备用舌尖品尝这一百年来潮汕文化、客家文化和广府文化的烟火共同熏陶出的别样滋味。

  提起美食，汕尾人首先想到的就是二马路，这里是让"吃货"流连沉醉不知归路的一条老街，这条汇聚了汕尾美食的街道如今也已成为每个"吃货"探索汕尾的必要目的地，从白天吃到黑夜，从黑夜吃到白天，汕尾浓浓的烟火气息在这条街上展现得淋漓尽致。

二马路美食街夜市

二马路美食

凤山祖庙

在汕尾城区的全新一天,早上起来后一定要去一趟凤山祖庙,感受妈祖文化。

凤山祖庙旅游区位于汕尾市城区东南面品清湖畔,是国家 4A 级旅游景区。拥有凤山祖庙、天后阁、凤仪台妈祖石像、渔家风情馆等景点。妈祖石像高 16.83 米,重约 1000 吨,由 468 块花岗岩雕制而成,是汕尾市区的标志性建筑。妈祖文化是中华民族文化瑰宝之一,"妈祖信俗"已列入联合国教科文组织人类非物质文化遗产代表作名录。明末建凤山祖庙以来,香火鼎盛,农历三月廿三妈祖诞辰日,举办妈祖文化旅游节、凤山祖庙炮会、民间艺术文化巡游、海陆丰戏曲演出等多项特色活动,吸引着越来越多的游客前来领略汕尾滨海城市的妈祖文化。

| 凤山祖庙天后阁

张晓龙在凤山祖庙

凤山祖庙妈祖像

凤山祖庙

小岛浮日是野咖啡厅

离开凤山祖庙,不用坐车,步行到街对岸,搭乘渡船两三分钟即能来到一座位于市区内却又远离尘嚣的孤岛渔村——小岛渔村。

这个面积只有 0.34 平方公里的小岛四周被海水包围,与外界连系的唯一方式只有渔船。下船后经过曾经的广东第二大渔船厂,再穿过一条横跨海面的木栈道,便来到了这家名为"浮日是野"的咖啡厅。这是一间放眼全国为数不多需要坐船打卡的咖啡厅。

① 小岛"浮日是野"咖啡厅
②③ 咖啡厅陈设装饰
④ 咖啡厅外停泊的渔船

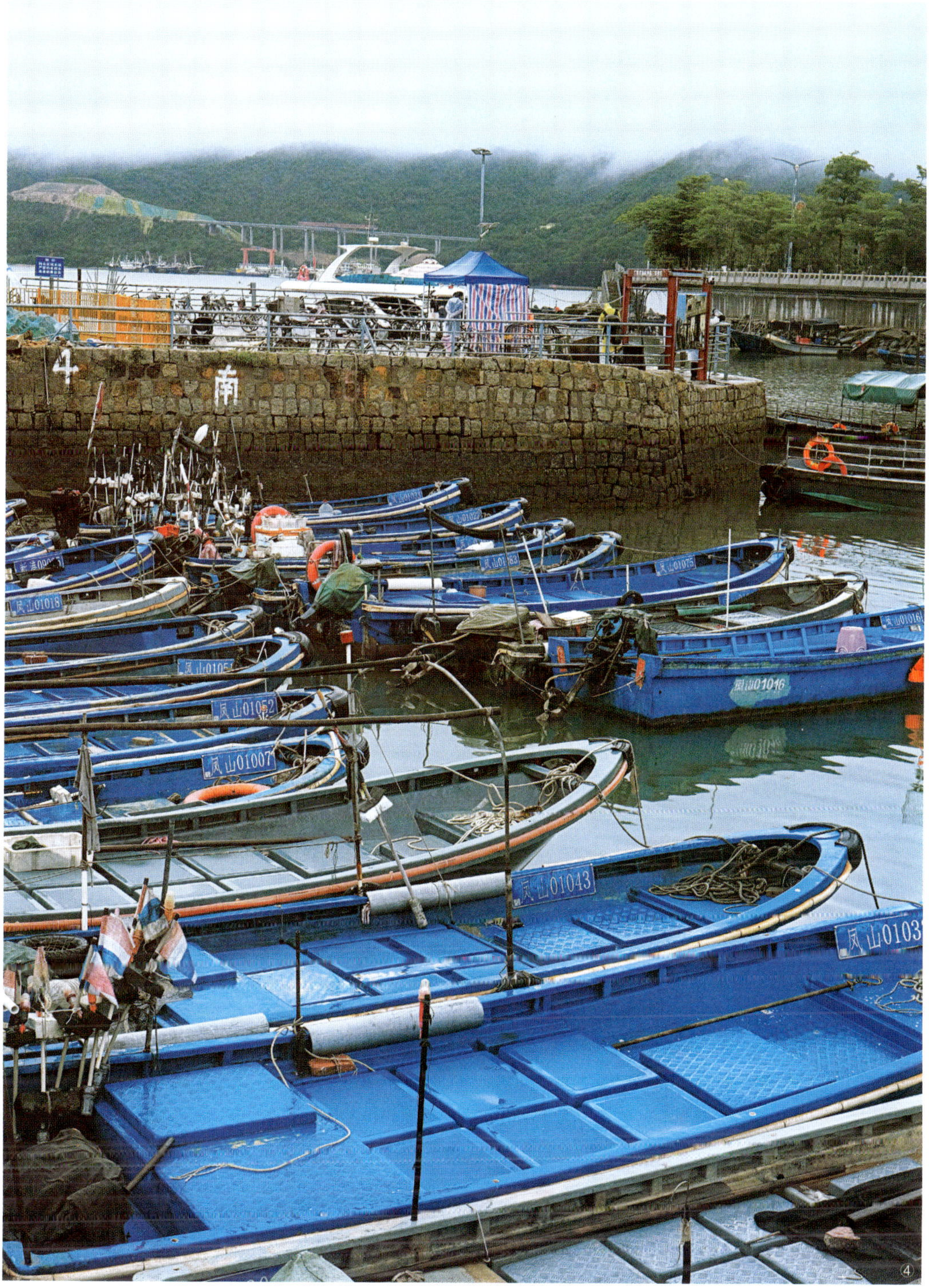

老机床变成咖啡吧台、旧电表作为装饰墙、破洞墙壁化身拍照取景框……工业风咖啡店和废弃造船厂的适配度出奇地高，而将这座已经废弃的老旧工厂重新改造令其重获新生，这样的创意和改造源自古堡咖啡馆的老板。旧厂新生的生命力在汕尾处处可见，这也正代表着汕尾人敢想敢拼敢干的活力态度。

① 通往小岛咖啡厅的栈道
② 张晓龙正在特调汕尾饮品

远游小队在浮日是野咖啡厅（组图）

远游小队在震渊村

中国蚝乡晨洲村

"依山则农,傍海则养",汕尾红草镇晨洲村位于长沙湾南畔,红草镇西北部,西与海丰县联安镇、梅陇农场隔长沙湾一水相望,南与市区马宫街道接壤,海域辽阔,资源丰富。晨洲村村民依托天然的海水资源,勤劳讨海,世世代代以养蚝为生,兼以浅海捕捞、蚝加工业,出产的晨洲蚝以"肥、嫩、鲜、美"享誉四方,有"养蚝之乡"的美称。

晨洲村以打造"晨洲蚝"特色品牌为重点,链条式打造晨洲蚝产业,积极发展"生态旅游""乡村游"等消费业态,投资打造鹭家蚝门、生态停车场、钓鱼台、观鹭台、蚝情文化广场、文化长廊、竹影蚝幽、海湾平台等景观点。汕尾市城区人民政府在晨洲村成功举办了三届晨洲蚝文化节活动,经10多家国内媒体的大力宣传报道,已经推广了晨洲新农村建设成效和晨洲蚝品牌,带动了乡村旅游业发展。到汕尾品尝晨洲生蚝也成为越来越多游客的旅行选择。

| 晨洲村万亩蚝田

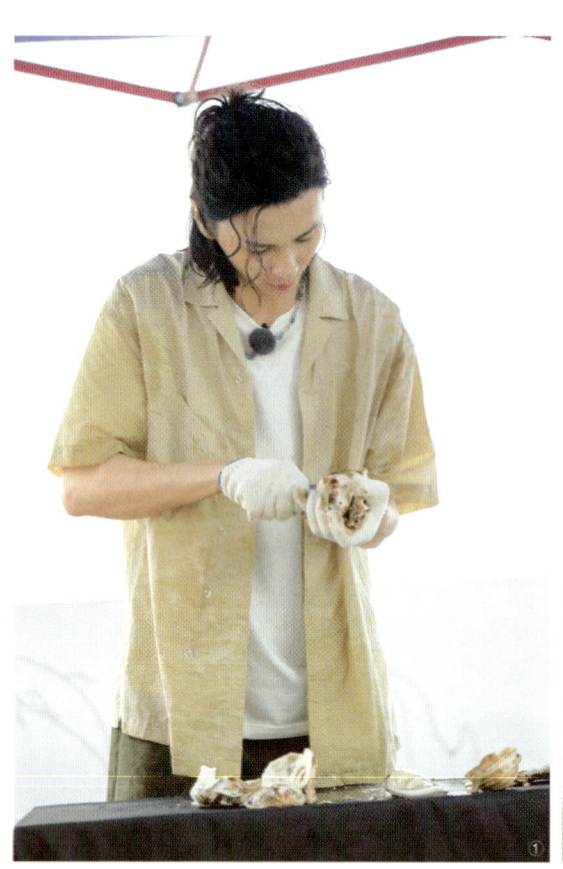

① 郭昊钧体验清洗生蚝
② 崔真真体验现场开蚝
③ 现场开出的晨洲生蚝
④ 晨洲生蚝美食

金町湾的海边派对

汕尾之旅，远游小队投身山海，饱浸活力；大快朵颐，感受新鲜；在蔚蓝的怀抱中像孩子一样欢笑，更认识了许许多多让这座城市焕发出勃勃生机的新朋友。

在汕尾的最后一个夜晚，远游小队把这些青春的源泉汇聚在海边，用一场充满汕尾味道的音乐欢聚，邀请更多人来到这座山海小城，为自己活力充电。

| 崔真真与汕尾本土乐队凌晨海岸同台表演

① 金町湾海边派对合影
②③④ 王昱珩、张晓龙、汕尾籍歌手陈泫孝在派对现场

GUEST RECOMMENDATION

《话说山海》嘉宾推荐

张晓龙

　　这是一座充满活力的城市，把传统文化传承得很好的城市。我们先后去了妈祖庙、金町湾、红海湾的海边，体验了传统的渔歌文化，去了古堡咖啡和要坐船才能去的小岛浮日是野咖啡厅，直观体验到传统的旧厂在汕尾年轻人美学创造力生产下，旧厂新生，焕发光彩。这也如同汕尾人一样，不忘本来、吸收外来，才能面向未来。希望有更多的朋友能走进汕尾，感受当下汕尾的青春活力。山寄海纳，遇识品乐。

GUEST RECOMMENDATION

《话说山海》嘉宾推荐

王昱珩

其实"油"就有美的意思，因为《诗经》里就有"南有嘉鱼烝然油油"，那个"油"就是鱼游之美的意思，所以油尾的美如其名，已经无须多言。油尾从一座小渔村而演变成如今的一座城，时代更迭中一代人有一代人的记忆，一代人也有一代人的味道，我来油尾更多的是体验它那种特别淳朴和原始的一些味道。

GUEST RECOMMENDATION

《话说山海》嘉宾推荐

郭昊钧

我到汕尾最大的感触是，这里充满了年轻的朝气，他们很享受当下这种慢节奏面向大海的生活。汕尾的年轻人热爱大海、热爱这里的本土文化，并会把这份热爱当作自己的工作：摆摊做汕尾美食、老旧厂房改造成咖啡厅、参与渔歌队学习渔歌表演等，以这样的方式向更多人宣传推荐自己的家乡，我觉得很浪漫。

GUEST RECOMMENDATION

《话说山海》嘉宾推荐

崔真真

  如果不是工作，我可能都没有机会来汕尾，这次真的很幸运能够认识这座青春且自由的城市。我是属于特别想体验一下当地风土人情的那种"游客"，所以我体验了汕尾"擂茶"、学习了汕尾"渔歌"、参与了海边年轻人的"陆冲"……在汕尾这几天我其实中间有段时间是在放空的，我就在想，有时候因为生活节奏太快了，能够突然慢下来是一件很幸福的事情，在汕尾就非常能有这样的体验，特别享受那一刻的幸福。

山海湖城，

海陆丰饶。

生态明珠，

文化瑰宝。

话说山海 🔍 📺

请打开爱奇艺搜索《话说山海》观看节目正片

147

话说山海

HUASHUOSHANHAI

📍 吉林长白山

壮美长白 悠然债照

巨大的火山与暴烈的风雪共存，深邃的湖泊高悬天际，一日看遍四季，温带藏着北极……大自然将这些天马行空的幻想，逐一化为现实，世上便有了长白山。这个从《山海经》里就拥有名字的古老山脉，不仅有着浪漫情怀，长相守、到白头，还诉说着震撼人心的冰与火之歌。夏天的长白山千里冰封、万里雪飘，山脚下守护着这座神圣、丰饶山峰的人们却热情如火，天然的有着"显摆"的自信和资本。

本次远游小队队长张晓龙将在自己的家乡吉林长白山为老朋友斓曦、谢可寅、许馨文，私人定制一份长白山体验清单，带着"烫手"的热情和上好的山珍，豪横地宠着三位来自南方的"小主"，也让观众透过屏幕真切体验到长白山的壮美诗意和东北人"显摆"劲里那种让人移不开眼的鲜活生命力。

到长白山看天池、感受延边地区的民族特色，是一种"奇"特的体验。这里的自然奇景、美景美食，都来自长白山的馈赠，而被长白山水滋养着的人们，休闲、安逸、自在，同时也传递出一种积极的、本真的状态。

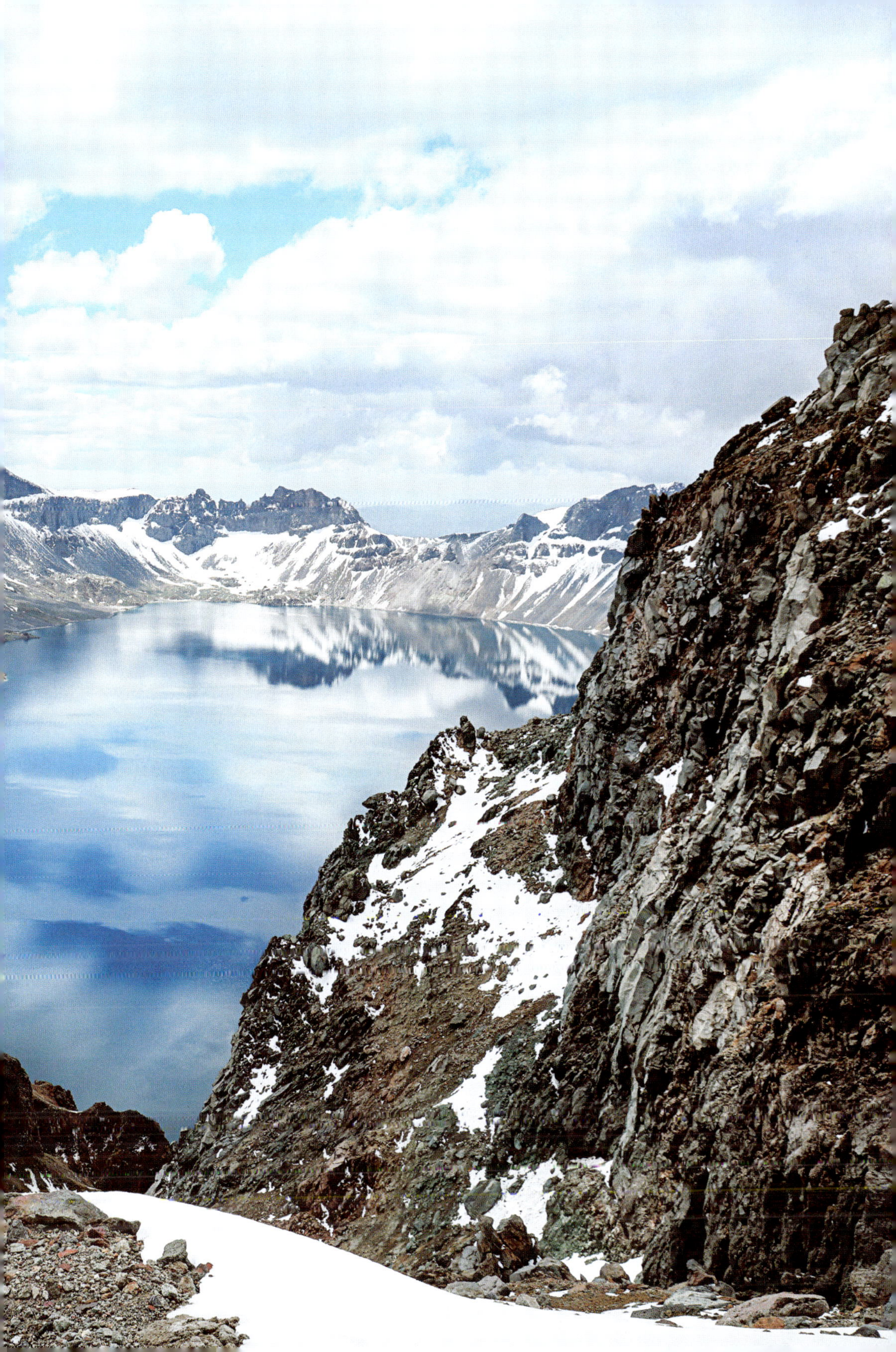

许馨文（左一）、谢可寅（左二）、斓曦（右二）、张晓龙（右一）在长白山天池

长白山地处欧亚大陆边缘，属温带大陆性山地气候。素有"千年积雪万年松，直上人间第一峰"的美誉，是吉林省旅游第一名片、中国东北第一高峰、东北亚区域的天然屏障。长白山以其壮丽的景观、丰富的物种和独特的地貌，先后被联合国教科文组织列入世界生物圈保护区网络、世界地质公园名录，是享誉世界的旅游目的地。

长白山拥有目前世界上保存最完整、生长良好、最具有代表性的温带原始森林生态系统，自然资源丰富，有着近4200种野生动植物和真菌资源，是欧亚大陆北半部最具有代表性的典型自然综合体，是世界上少有的"物种基因库"和"天然博物馆"。长白山矿泉水品质卓绝，类型齐全，是与阿尔卑斯山、俄罗斯高加索山齐名的世界三大矿泉水富集地之一；火山温泉素有"神水"之称，是中医药养生的圣品。在长白山，可以感受到林深水急、湖幽天蓝、气候宜人的22℃凉爽夏日，是绝佳的避暑胜地。观天池开冰、赏高山花海、登天池云路、宿星空露营、享矿泉漂流等一系列差异化旅游产品，享誉国内外。

| 长白山绿渊潭

长白山天池

与众多来到长白山旅行的人们一样，南方来的三位姑娘向张晓龙提出的第一个旅行愿望便是一睹长白山天池真容。长白山天池是我国最大的活火山，世界上海拔最高的火山湖，同时也是中国最深的湖泊。

长白山天池位于长白山风景区主峰火山锥体的顶部，天池四周奇峰林立，池水碧绿清澈，是松花江、图们江、鸭绿江的三江之源。目前长白山的北坡、西坡、南坡三个景区都可以到达天池，但因角度不同，三处看到的天池景致也各不相同。天池水面海拔达 2150 米，因其所处的位置高而得名，天池是火山喷发自然形成的火山口湖，呈椭圆形，当火山喷射出大量熔岩之后，火山口处形成盆状，时间一长，在雨水、雪水和地下泉水的作用下，积水成湖，就形成了现在的天池。天池湖面面积 10 平方公里，是一个巨大的天然水库，在周围 16 座山峰的环绕中，沉静清澈的天池犹如一块碧玉一般，给人以神秘莫测之感。

① 长白山天池
②③ 长白山

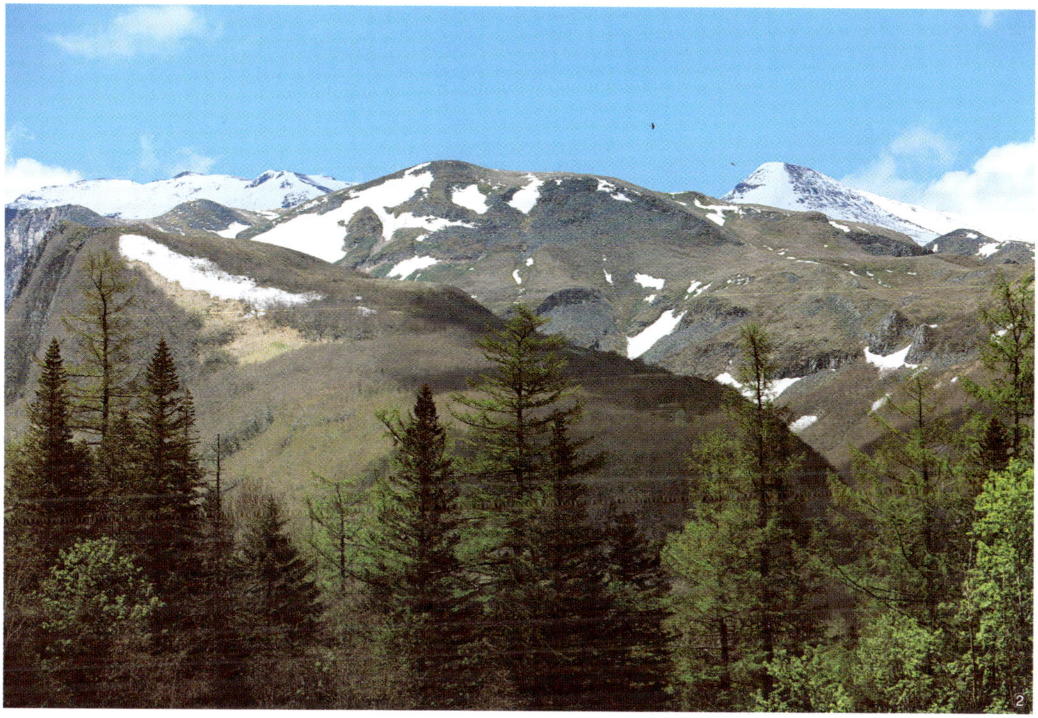
2

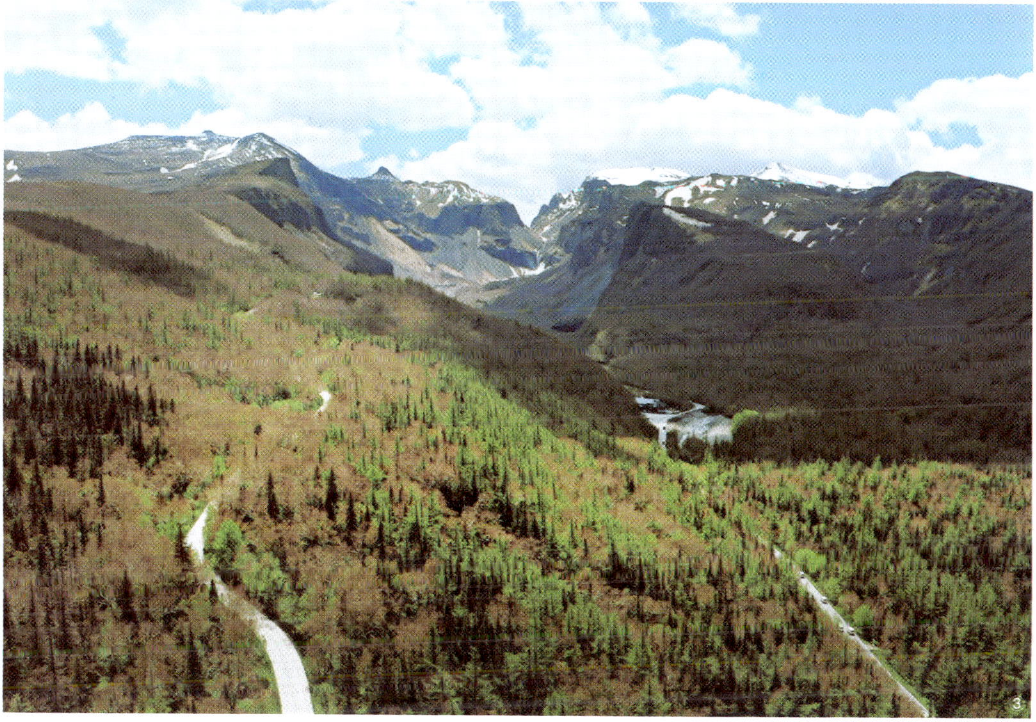
3

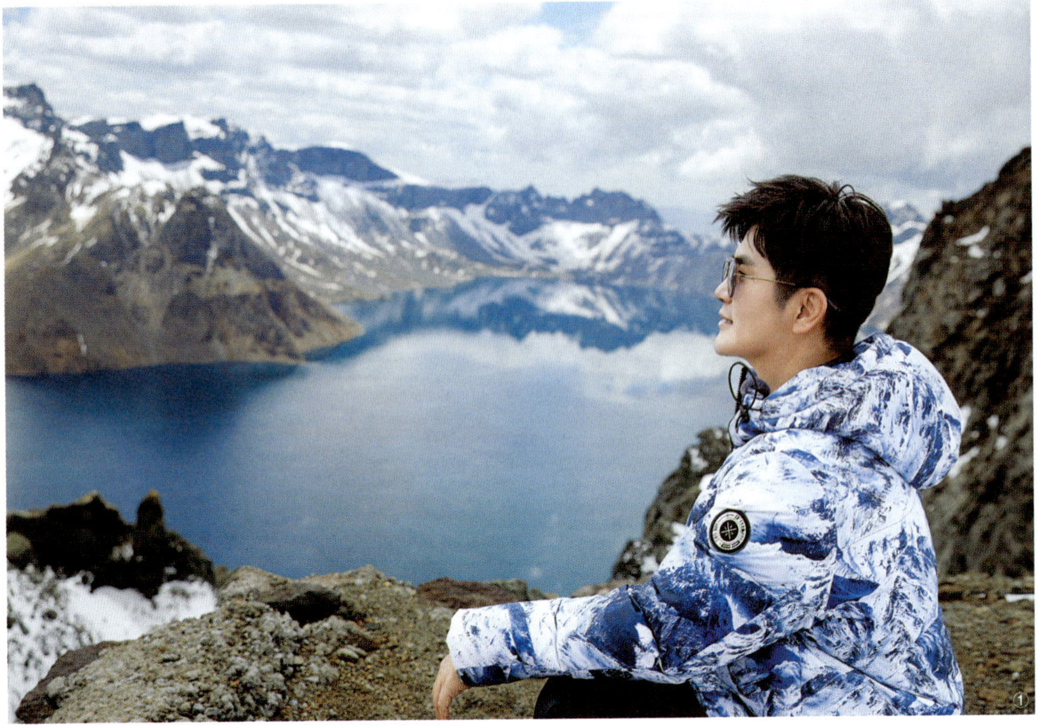

①

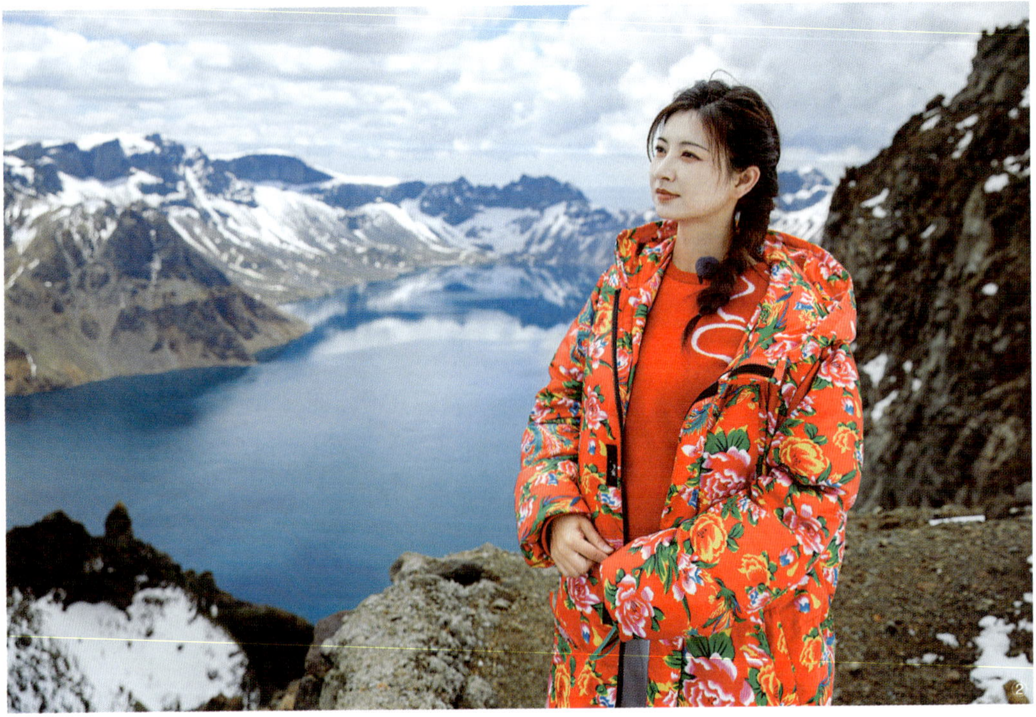

②

长白山天池固然壮美，但并不是来了就能看到。受独特的气候影响，这里常年雨雪冰封，云雾缭绕，一年只有约 90 天可以一睹其真容，所以人们常将能够看到天池真容当作长白山给予的幸运馈赠。游览天池最佳时节是在盛夏，这时云雾较少，可见度高。因此，这也变成了远游小队此行的第一个愿望，幸运的是当天晴空万里，湖面静谧，任何人都会沉醉在这样的绝景里。

① 张晓龙在天池
② 澜曦在天池
③ 许馨文在天池
④ 谢可寅在天池

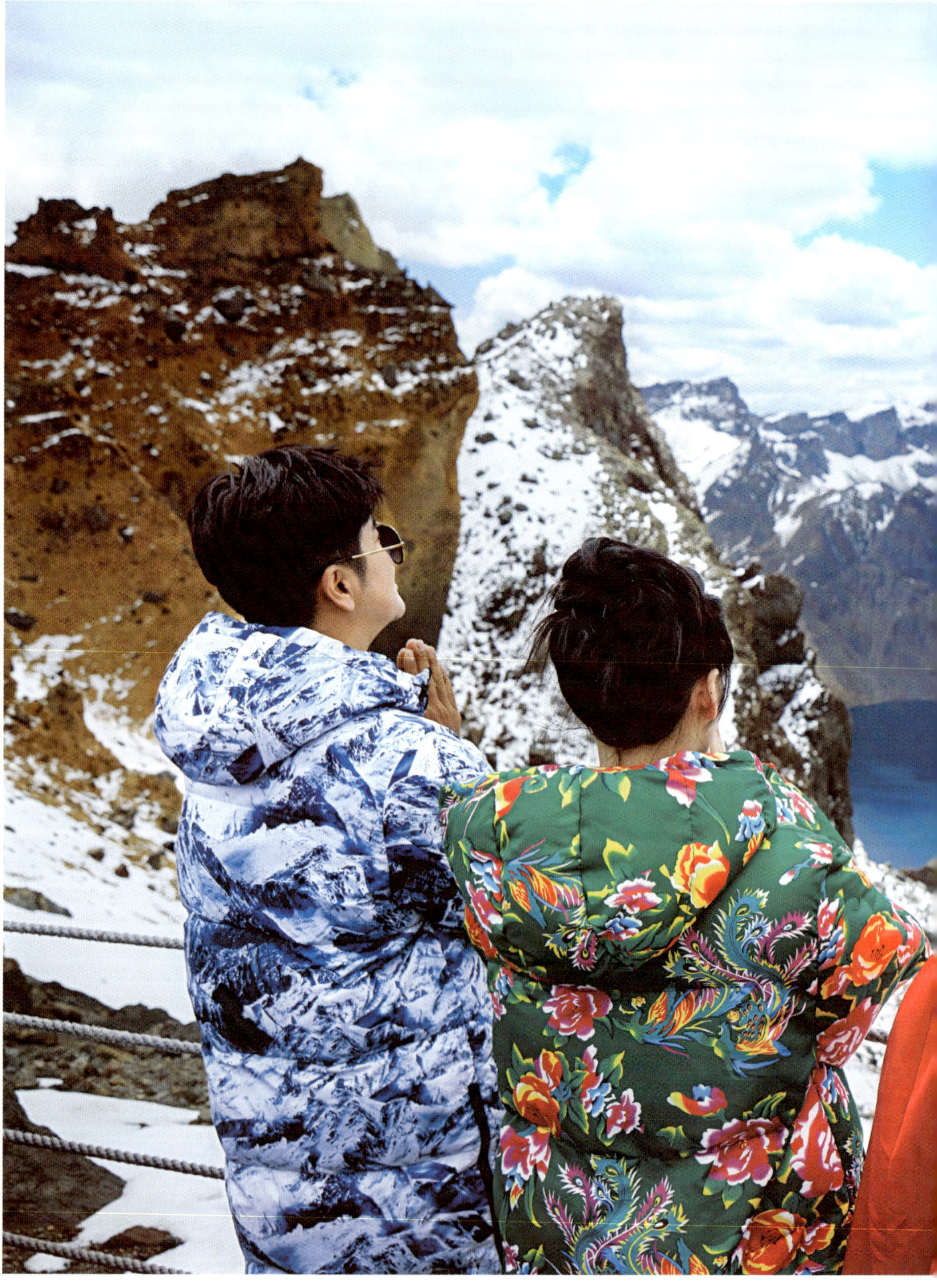

远游小队面向天池许愿祈福

百花谷民俗村里的朝鲜族风情

长白山位于吉林省延边朝鲜族自治州和白山市境内，朝鲜族习俗、文化、美食等民族特色风情浓郁，所以此行远游"公主"们向张晓龙提出的第二个愿望便是体验这里的民族服饰，学习跳朝鲜族舞蹈。为此，张晓龙带领众人来到长白山下的百花谷朝鲜族古村落。

百花谷朝鲜族古村落（组图）

①② 斓曦、谢可寅装扮朝鲜族造型

百花谷坐落在美丽的长白山第一县——安图县松江镇，距离长白山3公里处，是一个集生态旅游、民俗体验、休闲养生于一体的体验式仿古部落群。这里依山傍水，风景秀丽，环境优美，到处散发着朝鲜族古老的民俗文化气息，犹如一个世外桃源坐落在长白山脚下。古村落内有朝鲜族民俗博物馆、朝鲜族非物质文化遗产展览馆、朝鲜族传统美食体验馆、朝鲜族民宿等，是了解朝鲜族百年历史的窗口，朝鲜族民俗文化的体验场。在这里可以体验朝鲜族服饰，游朝鲜族古村落，赏朝鲜族民俗表演，住朝鲜族民宿，体验朝鲜族古老而神秘的养生之道。

① 张晓龙表演农乐舞
② 斓曦学习农乐舞
③ 许馨文学习农乐舞
④ 谢可寅学习农乐舞

农乐舞

　　中国朝鲜族农乐舞，于2009年入选联合国教科文组织人类非物质文化遗产代表作名录，成为我国迄今为止唯一的舞蹈类世界级非遗项目。农乐舞是朝鲜族人民在长期的社会生产和生活中创造和传承下来的一种集演奏、演唱、舞蹈于一体，在岁时仪式和节庆活动中展现的民间舞蹈表演艺术。

③　④

163

汪清象帽舞

　　象帽舞是农乐舞的最高表现形式，表现出农乐舞的最高技巧和最高兴奋点。据民间口传，象帽的由来有好几种，有记载的一种是，是由古代军队士兵所戴的战笠（即军帽）演变而来的。汪清是"象帽舞之乡"，2012年创造了1050人在汪清同跳象帽舞的吉尼斯世界纪录。

奶头山村

奶头山村位于延边朝鲜族自治州安图县，被称为"长白山第一村"。奶头山村历史悠久，村民皆为朝鲜族人，生活方式与着装风格别具一格，具有鲜明的朝鲜族特色，是距离长白山脚下最近的一个朝鲜族村子，所以也被称为"长白山下第一村"。

① 张晓龙、斓曦体验朝鲜族非遗秋千
② 谢可寅、许馨文体验朝鲜族非遗跷跷板
③④ 奶头山村六户森林（组图）
⑤ 奶头山村俯拍

张晓龙围炉煮茶聊天

① 澜曦围炉煮茶聊天
② 许馨文围炉煮茶聊天
③④⑤ 六户森林里的围炉煮茶

奶头山村拥有丰富的原始森林资源，依托郁郁葱葱的原始丛林，奶头山村开发出众多引人入胜的体验项目，丛林穿越、围炉煮茶也被加入远游小队的心愿清单。

167

一天的行程行将结束，在奶头山朝鲜族居民家里，品尝朝鲜族特色美食大餐。

① 锅包肉
② 江米鸡
③ 蘸酱菜

长白山华美胜地度假区

长白山华美胜地度假区占地 25 平方公里，是国家级旅游度假区、国家 4A 级旅游景区，依托环长白地区世界级粉雪、林海、天池、矿泉火山、瀑布等自然禀赋优势，带给广大游客别样的山林度假体验。

葵鹿农庄（组图）

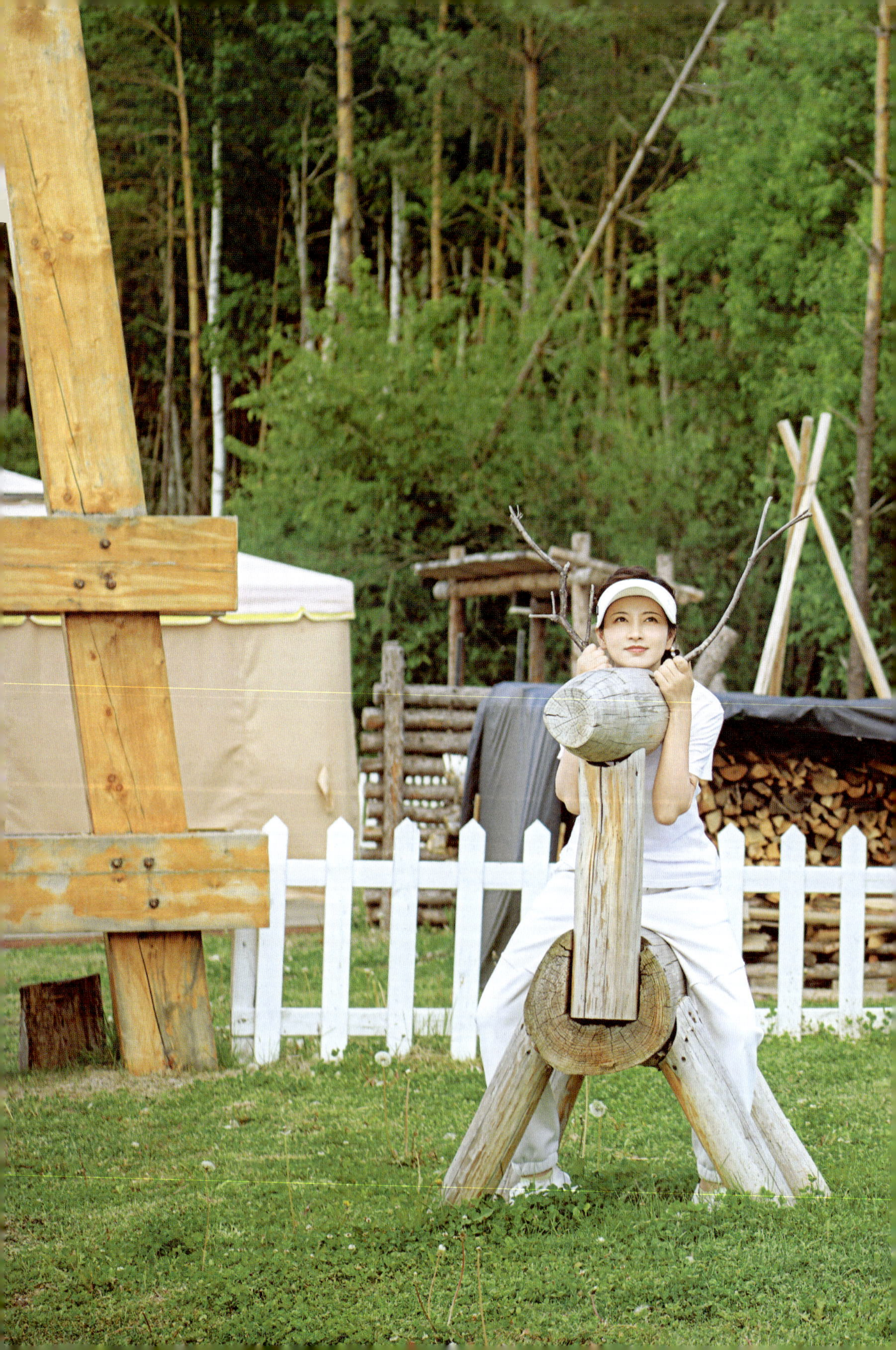

澜曦、谢可寓、许馨文三人在长白山等待张晓龙

在葵鹿农庄会合后，四人即刻前往下一站——原乡客栈，在那里体验了一场时尚与东北气息交融的东北时装大秀。

① 东北时装秀上的张晓龙
② 东北时装秀上的斓曦
③ 东北时装秀上的谢可寅
④ 东北时装秀上的许馨文
⑤ 东北时装秀上的网络达人二少啊二少

长白山原乡民俗酒店位于长白山华美胜地旅游度假区核心位置，客房真实复原长白山地区民居风格，原木结构的墙体、东北三宝之一的乌拉草房顶，充满生活气息及历史感的艺术文化摆件，呈现敦厚品质的东北民居韵味。

| 原乡客栈鸟瞰图

此行，三位南方"公主"还有一大心愿便是入长白、采人参，作为东道主的张晓龙自然有求必应，在长白山旅行的最后半天，带领三位"公主"深入长白腹地，向着"六匹叶"人参进发。

① 斓曦采到人参
② 张晓龙在找人参
③ 谢可寅在听取采参技巧

长白山人参

　　长白山是世界人参的发源地。长白山人参历史悠久，在中国有1500年的放山史，有接近500年的人参种植历史，中国是认识人参、应用人参、记载人参最早的国家。人参在长白山常被称为"棒槌"，"棒"即一"木"一"奉"，木当森林讲，即形容人参是在森林中能让人类供奉敬畏的植物；"槌"即一"木"一"追"，即形容在长白山森林里，让无数人在艰苦的环境中去寻找、去追寻的植物。

　　随着长白山旅游业的兴起，采摘人工种植类人参成为众多游客来此的必要体验。

175

美景、美食、民俗、体验……长白山给了这片土地无限可能与无限遐想，给予生活在这片土地、来到这片土地的人类以无穷馈赠，也给了张晓龙"显摆"自己家乡的底气与自信。行程的最后，张晓龙组织远游小队，用在此处学习的朝鲜族民族舞蹈回馈并向世人推荐这里。清风徐来，一舞长白。

① 远游小队和当地舞蹈演员共舞
② 张晓龙跳朝鲜族舞蹈
③ 斓曦跳朝鲜族舞蹈
④ 谢可寅跳朝鲜族舞蹈
⑤ 许馨文跳朝鲜族舞蹈

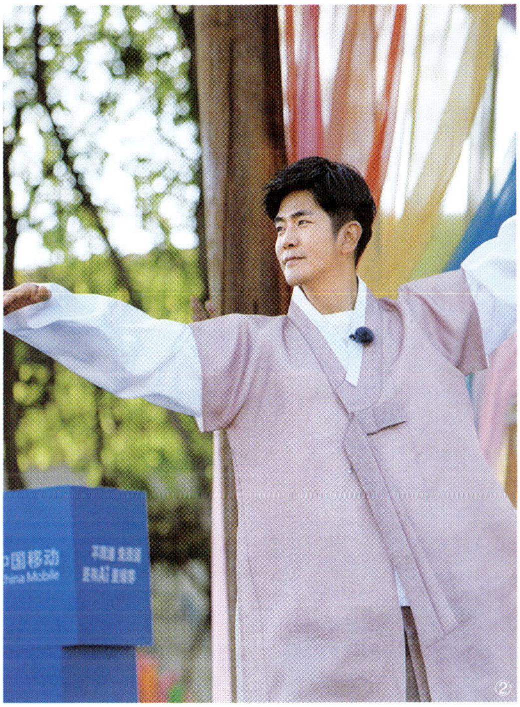

②

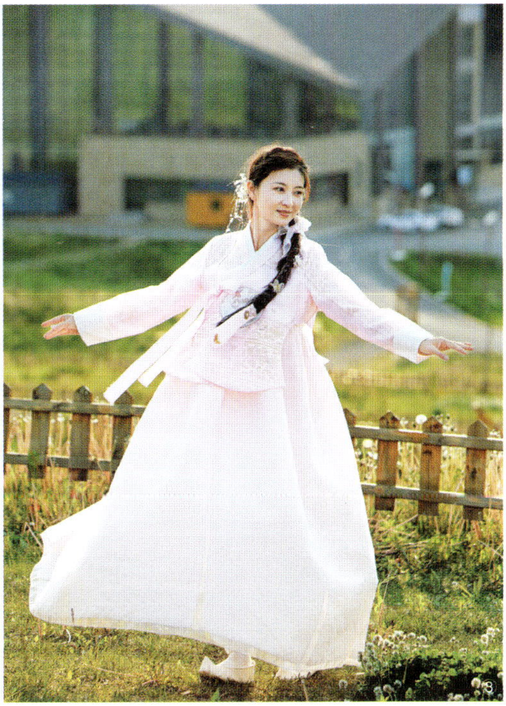
③

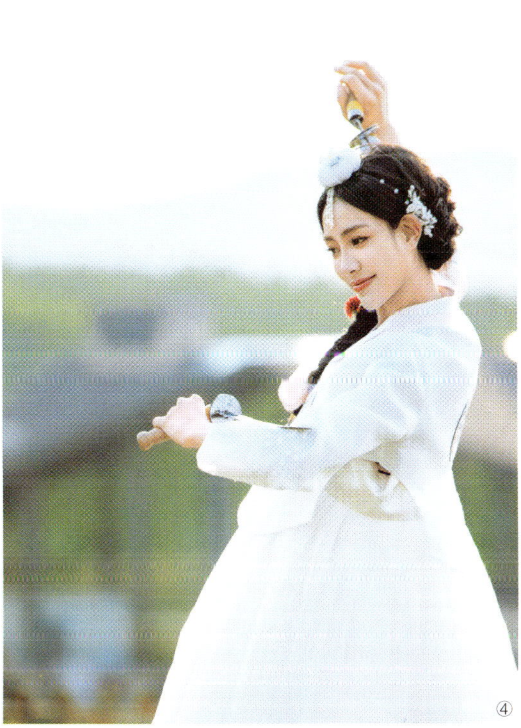
④

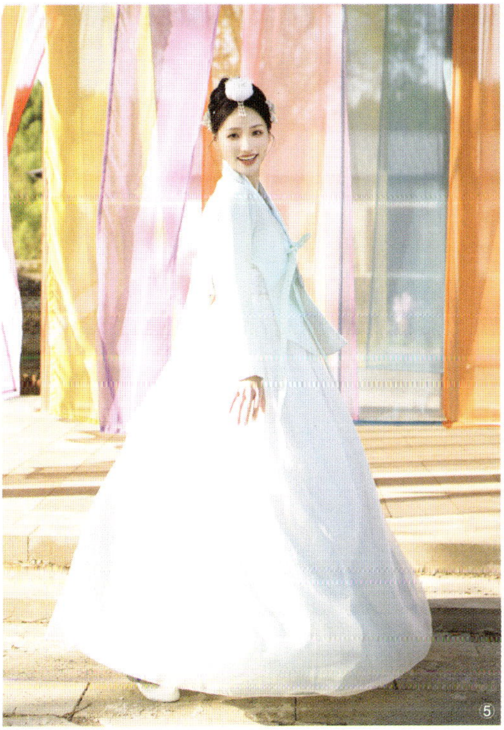
⑤

长白山百花谷朝鲜族古村落

GUEST RECOMMENDATION
《话说山海》嘉宾推荐

张晓龙

  东北人就是哥们儿有事，安排；朋友有要求，安排；亲戚有想法，安排……"安排"是东北人的性格，我的性格就非常"东北"。所以《话说山海》节目的最后一站和朋友们一起来到我的家乡吉林，"安排"在所不辞。我是吉林省冰雪旅游的推广人，对家乡如数家珍，能够如此自豪地让我的朋友们在这里流连忘返、宾至如归，这是家乡这片土地赋予我的底气与自信。其实有很多朋友跟我一样走出了自己的家乡，能够从别人的话语当中知道家乡变化很大，但当你真正地去体验了才能感受到变化竟然那么大，变得那么的时尚。我也想向更多的朋友们发出邀请，跟我一起走进大山、走近海洋，感受我们祖国山的雄壮、海的浩瀚，去让自己有更宽的视野、过更豁达的人生。

GUEST RECOMMENDATION

《话说山海》嘉宾推荐

斓曦

  长白山两天的行程走下来,无论从味觉、视觉、身心上,都得到了非常愉悦的体验和感受。长白山天池给人一种人在画中游般的震撼,在原乡客栈走东北时装秀无比的欢乐,深入长白山采人参学习到了很多人参的知识,早就听闻非常难的朝鲜族舞蹈也坚持学了下来,很享受过程……长白山这次的行程既温暖又震撼,这不仅为我,也为观众圆了一个梦。

GUEST RECOMMENDATION

《话说山海》嘉宾推荐

谢可寅

  我喜欢旅游，去过很多地方，但是长白山天池的神圣和它的"不确定性"依旧给了我深深的震撼。由于高海拔和多变的气候条件，即使到了长白山你也不知道今天是否能看到天池。能够站在天池旁边看到它，是天池给了你这次机会，是它允许你靠近，这个非常宝贵。这真是一次不后悔的体验，跟我的好朋友一起去体验这么多的特色项目，去了解吉林、了解长白山，真的很开心。这是我 2024 年一次美好回忆。

GUEST RECOMMENDATION

《话说山海》嘉宾推荐

许馨文

  我跟可寅认识很多年了，我们约了近一年说要一起出去玩但都没实现，这次因为参加《话说山海》节目录制才有这次机会。第一次来东北，来到吉林长白山，看到了天池，站在那里会感觉到一种不真实的美，还体验到了很多朝鲜族特色的文化、礼仪、习俗、舞蹈，我在这期间得到了心灵的疗愈，短暂地逃离现实，这让自己很开心。

自在原乡，
天然本物。
梦之所愿，
心之归处。

话说山海

请打开爱奇艺搜索《话说山海》观看节目正片

总 策 划：胥　波
责任编辑：张　璐　王新兵
责任印制：钱　戎
装帧设计：中文天地

图书在版编目（CIP）数据

话说山海. 第一季 /《走遍中国》编辑部,《话说山海》节目组主编. -- 北京：中国旅游出版社，2025.
1. -- (走遍中国). -- ISBN 978-7-5032-7461-9

Ⅰ. K928.9

中国国家版本馆 CIP 数据核字第 2024T2K587 号

书　　名：	话说山海. 第一季
作　　者：	《走遍中国》编辑部,《话说山海》节目组
出版发行：	中国旅游出版社
	（北京静安东里6号　邮编：100028）
	https://www.cttp.net.cn　E-mail: cttp@mct.gov.cn
	营销中心电话：010-57377103，010-57377106
	读者服务部电话：010-57377107
排　　版：	北京中文天地文化艺术有限公司
印　　刷：	北京金吉士印刷有限责任公司
版　　次：	2025年1月第1版　2025年1月第1次印刷
开　　本：	787毫米×1092毫米　1/16
印　　张：	12.5
字　　数：	50千
定　　价：	69.80元
ISBN	978-7-5032-7461-9

版权所有　翻印必究
如发现质量问题，请直接与营销中心联系调换